CliffsNotes™

올리버 트위스트

Oliver Twist

찰스 디킨스

다락원　WILEY Publishers Since 1807

세계의 교양을 읽는다

고전을 왜 읽는가?

인간의 삶과 세상에 대한 영원한 물음이 있기 때문이다. 시대와 사상을 뛰어넘어 지금 여기 우리에게 필요한 물음이 없는 고전은 더이상 고전이 아니다. 인간과 삶에 대한 근원적인 물음 없이 고전을 읽는다면 자신과 인간에 대한 성찰과 지혜로 이어지지 않는다. 논술 시험 때문에, 과제물 때문에, 아니면 남들이 읽으니까, 나도 읽는다는 식이라면 그 책은 죽은 책일 수밖에 없다.

고전을 살아 있는 책으로 만드는 이 '물음!'에 답하기 위해서는 좋은 길잡이가 필요하다. 40년 이상 미국의 고교생과 대학 주니어들이 시험, 에세이 작성, 심층토론 준비를 위해 바이블처럼 애용해온 'CliffsNotes'와 'SPARKNOTES'는 바로 그런 좋은 길잡이의 표본이다. 이 두 시리즈가 원조 논술연구모임인 '일이관지(一以貫之)' 팀의 촌철살인적 해설을 곁들여 〈다락원 명작노트〉로 재탄생해 논술로 고민중인 대한민국 학생 여러분을 찾아간다.

CliffsNotes와 SPARKNOTES의 가장 큰 장점은 방대하고 난해한 고전을 Chapter별로 요약하고 분석해서 원전의 내용에 보다 쉽고 체계적으로 접근하는 신속·간편성이라고 할 수 있다. 여기에 '一以貫之'팀이 원전의 중요한 문제의식, 즉 근원적 '물음'은 무엇이며, 그 '물음'은 오늘날에도 여전히 유효한가, 라는 질문을 다시 던진다.

대입논술로 고민하고, 자칭 타칭의 고전이 넘쳐나는 오늘의 독서풍토에서 지적 정복이 긴박한 대한민국 학생들에게 감히 이 시리즈를 자신 있게 권한다.

一以貫之 논술연구모임 연구실장 이호곤

CliffsNotes와 SPARKNOTES는 방대한 원작을 보다 쉽게 이해할 수 있도록 돕는 안내서입니다. 원작 이해를 돕기 위해 작가와 작품에 대한 배경지식, 그리고 매 장마다 간단한 '줄거리'와 '풀어보기'가 실려 있습니다. '줄거리'를 통해서는 원작의 내용을 명쾌하게 파악함으로써 독서의 즐거움을 느낄 수 있을 것입니다. '풀어보기'에는 원작에 담긴 문학적 경향, 등장인물의 심리상태, 시대상, 주제 등을 설명해 놓았습니다. 비판적 글읽기의 바탕이 되는 요소들이죠. 비판적 글읽기는 소설과 비소설 작품을 막론하고 책을 읽을 때 꼭 필요한 자질입니다.

그 밖에도 작품을 좀더 심오하게 분석할 수 있도록 '마무리 노트', 'Review' 등을 마련해 놓아 독자 여러분의 글읽기를 돕고 있습니다.

* 〈   〉는 장편소설, 중편소설, 논픽션, 시집. "   "는 수필집, 단편소설

○ 일이관지(一以貫之) 논술노트

권말에는 一以貫之 논술팀에서 작성한 논술 노트가 실려 있습니다. 원작을 우리의 삶과 연계시켜 비판적 사고와 논리적 글쓰기의 방향을 제시합니다.

○ 실전 연습문제

논술예제와 기출문제를 통해서는 원작을 바탕으로 출제 가능성이 높은 논점을 함께 숙고해 봅니다.

작가 노트

작가의 생애

작가의 생애

찰스 디킨스 Charles Dickens는 부친이 포츠머스에 주둔하고 있던 시기인 1812년 2월 7일 잉글랜드 남부 해안에 있는 포트 시에서 출생했다. 그의 가문은 점잖다고 자부하는 중하층이었다. 아버지 존 디킨스는 해군 경리국 소속의 서기였다. 그는 상당히 유능하고 업무에서도 남에게 뒤지지 않는 인물이었지만, 수입 이상을 지출하는 소비 성향으로 인해 결국 인생 낙오자의 길을 걸었다.

1814년 존 디킨스는 런던으로 전근을 갔고, 1817년 그의 가족은 해군 조선창 인근인 채텀에 자리를 잡았다. 그 후 몇 년간 찰스의 행복한 어린 시절이 계속된다. 그의 유년 시절 기억은 켄트에 집중되어 있고, 나중에는 그곳을 고향으로 여기게 된다. 그가 지녔던 소년 시절의 꿈 가운데 하나는 로체스터 인근에 있는 고택인 개츠힐 저택을 소유하는 것이었다. 디킨스는 44세 때, 운 좋게도 그 저택을 사들이게 되었고, 여생을 그곳에서 지냈다.

그는 어린 시절에는 먼저 어머니에게서 교육을 받았고, 이후 채텀의 정규 학교에 다녔다. 그는 많지는 않았지만 아버지가 모아둔 고전 문학작품들을 읽어치웠으며, 일찍부터 천재적 재능을 갖고 있다는 징후를 보였다. 존 디킨스는 아들의 재능에 기뻐하면서 그 야망을 키워나가도록 격려를 아끼지 않았다.

그 즐거운 시절은 아버지가 다시 런던으로 전근하게 되는 1822년에 끝이 난다. 존 디킨스는 사람들과 어울려 즐기면서 장래를 생각하지 않고 흥청망청 돈을 써버려 헤어날 수 없는 재정적 궁핍에 시달렸고, 상황은 놀라울 정도로 위태로워졌다. 어머니는 살림에 보탬이 되고자 무모하게 학교를 운영해 보려 했으나 보탬은커녕 오히려 없는 살림을 더욱 줄여놓는 꼴이 되고 말았다.

당시 열두 살이었던 찰스 디킨스는 몇 푼 안 되는 임금을 받으면서 구두약 공장에 다녀야 했다. 그가 일을 시작한 지 2주 후, 아버지는 채무자 감옥에 들어갔고, 어머니와 네 명의 동생들도 함께 그곳에서 생활했다. 이 암울한 기간 동안 찰스는 이따금씩만 가족들을 만나볼 수 있었다.

이후 4, 5개월은 고통스러운 기간이었다. 힘든 노동과 더불어, 충분치 못한 음식, 초라한 거처, 거칠고 누추한 차림의 동료들과 일해야 한다는 모욕감은 자존심 강하고 감성적인 소년에게는 잊지 못할 굴욕적인 시련이었다. 이후 그는 이 이야기를 절대 입에 올리지 않고 지내다가 드디어 〈데이비드 코퍼필드 David Copperfield〉에서 털어놓는다. 가난의 결과가 어떤 것인지를 처음으로 맛본 그때의 경험은 그가 인생을 어떻게 살아가야 할지 결정하는 데 절대적인 역할을 했던 것으로 보인다. 디킨스가 유명해질 수 있었던 바탕은 왕성한 원기, 성공에 대한 결의, 그리고 불굴의 의지력이었다.

아버지가 3개월 정도 옥살이를 했을 무렵, 할머니가 세상을 떠났다. 아버지는 할머니가 남긴 유산으로 감옥에서 풀려날 수 있을 만큼의 빚을 청산하고, 시급한 집안 살림을 수습할 수 있었다. 이처럼 다행스러운 운명의 조화로 찰스는 몇 주 후 구두약 공장을 그만두었고, 이후 2년 반 동안 전문학교에 다녔으며, 그것이 그가 받은 정규 교육의 전부다.

1827년 봄, 열다섯 살의 찰스 디킨스는 변호사 사무실에 취직했고, 일을 배우기 위해 법률 공부에 전념하는 한편, 틈나는 대로 속기를 익혔다.

약 1년 반 후, 혈기 왕성한 그는 덜 지루하고, 보다 장래성 있는 직업을 갖기 위해 모험을 해볼 준비가 되었다고 느끼고는 무소속의 법정 출입기자가 되었다. 3년 넘게 이 장래의 소설가는 법정에서 목격하는 사건들을 통해 도시 생활의 우울한 현실들을 피부로 생생하게 느낄 수 있었다. 그의 일은 특정 계절에 정기적으로 몰렸고, 많은 여가 시간은 런던 박물관에서 독서에 빠져 지냈다.

1832년 3월부터 디킨스는 신문사 두 군데에서 근무하며 의회담당 기자로 경력을 쌓은 후, 1834년 유명한 일간지 모닝 크로니클의 정식 기자가 되었으며, 런던에서 가장 빠르고 정확한 보도를 하는 기자로 명성을 날렸다. 도시 취재 외에도, 대부분의 정치사건 취재를 위해 전국을 돌아다니면서 그의 작가 수업은 마무리 손질을 받게 된 셈이다.

그러는 동안, 디킨스는 동화력(同化力)이 뛰어난 정신 속에 저장된 풍부한 자료에 의지해 런던 생활의 단상들을 묘사하는 작품을 써내기 시작했다. 그 첫 번째 작품은 1833년 먼슬리 매거진 12월호에 익명으로 발표했다. 1834년 8월, '보즈Boz'라는 필명이 처음으로 등장하면서 디킨스의 무명 시절은 서서히 끝나가고 있었다.

그는 지칠 줄 모르는 열정으로 기자 생활을 하는 한편, 수많은 소품들을 집필했다. 기자로서의 날카로운 관찰 기록들은 생생하게 보존되었다가 후일 유명한 작품들 속에서 그 모습을 드러냈다. 마침내, 1836년 디킨스의 스물네 번째 생일인 2월 7일, 〈보즈의 스케치, 평범한 사람들의 일상 모습 *Sketches by Boz, Illustrative of Everyday Life and Everyday People*〉(이하 '보즈의 스케치')이 책으로 출간되었다. 이어 이 책의 두 번째 시리즈가 나왔고, 1839년에 한 권의 책으로 묶여졌다.

그 해 3월에는 문학사적으로 훨씬 더 중요한 〈피크위크 클럽의 유록(遺錄) *The Posthumous Papers of the Pickwick Club*〉(이하 '피크위크 페이퍼스')의 첫 호를 선보였다. 이 작품은 연재물로 출판하거나 통권으로 내는 대신, 1836년 3월호부터 시작해서 1837년 11월호까지 별개로 출판되어 판매되었다. 첫 호는 겨우 400부를 인쇄했고, 초기 반응은 시큰둥했지만 날이 갈수록 인기가 치솟아 4만 부를 인쇄하기에 이르렀다.

〈보즈의 스케치〉가 성공을 거두면서, 디킨스의 자신감도 높아졌고 결혼 생활을 해나갈 수 있을 만큼 수입도 충분해졌다. 〈피크위크 페이퍼스〉가 판매에 들어간 지 이틀 후인 1836년 4월 2일, 그는 캐서린 호가스와 결혼했다. 신부는 디킨스가 기고하는 신문의 자매지인 이브닝 크로니클의 편집장 조지 호가스의 장녀였다. 그들은 열 명의 자녀를 두지만, 결혼 22년 만에 불화로 이혼했다.

〈피크위크 페이퍼스〉의 성공이 확실시되면서 모닝 크로니클의 스타급 기자 디킨스는 사직서를 던졌으나 몇 개월 지나지 않아 새로 창간된 벤틀리스 미셀러니의 편집장이 되었다. 당시 그는 〈피크위크 페이퍼스〉를 집필중이었지만, 1837년 2월호부터 보즈란 필명으로 〈올리버 트위스트 *Oliver Twist; or, the Parish Boy's Progress*〉의 연재를 시작해 완결편이 발표되기도 전에 또 〈니콜라스 니클비 *Nicholas Nickleby*〉를 연재했다. 〈올리버 트위스트〉는 1838년 9월에 완결되고 그 해에 단행본으로 출간되었으나, 연재는 1839년 3월까지 이어졌다.

2년 후, 벤틀리스 미셀러니의 편집장직을 그만두고도 죽기 전까지 거의 쉬지 않고 놀라울 정도로 작품을 써냈다. 〈골동품 상점 *The Old Curiosity Shop*〉(1840-41), 〈바나비 러지 *Barnaby Rudge*〉(1841), 〈아메리칸 노트 *American Notes*〉(1842), 〈마틴 추즐위트 *Martin Chuzzlewit*〉(1843-44), 〈돔비와 아들 *Dombey and Son*〉(1846-48), 〈데이비드 코퍼필드 *David Copperfield*〉(1849-50), 〈황폐한 집 *Bleak*

House〉(1852-53), 〈고된 시기 *Hard Times*〉(1854), 〈꼬마 도릿 *Little Dorrit*〉(1855-57), 〈두 도시 이야기 *A Tale of Two Cities*〉(1859), 〈막대한 유산 *Great Expectations*〉(1860-61), 〈우리들의 맹우 *Our Mutual Friend*〉(1864-6년), 〈에드윈 드루드의 미스터리 *The Mystery of Edwin Drood*〉(1870. 미완성) 등.

이러한 대작들 외에, 디킨스가 다른 문학 장르에서 이뤄낸 업적 또한 놀라웠다. 가장 널리 알려진 단편들로는 "크리스마스 캐럴 A Christmas Carol", "난롯가의 귀뚜라미 The Cricket on the Hearth"가 있고, 수필, 여행기, 기사, 희곡을 쓰기도 했다. 1850년에는 하우스홀드 워즈의 편집장직을 맡았고, 1859년 세상을 떠날 때까지 그 잡지의 후속판이라고 할 수 있는 올 더 이어 라운드를 편집했다.

그는 끝없는 열정을 지니고 살았으며, 모든 일을 활기차고 신속하게 해냈다. 편지도 엄청나게 많이 썼다. 자선 활동에도 관심이 많았던 그에게는 숱한 친지와 가족들이 관심과 물질적 도움을 요청했다. 그는 유럽을 자주 여행했고, 미국도 두 차례나 다녀왔다. 이탈리아, 스위스, 프랑스를 포함하여 체재 지역에도 몇 차례 변화가 있었다. 그는 승마를 즐겼고, 12-14마일씩 걷는 것도 좋아했다.

어릴 적부터 연극에 애착을 보인 디킨스는 한때 연극배우가 되려고 했던 시절도 있었다. 그러나 성인이 되어서는 아마추어 연극 공연을 조직하는 일에 큰 기쁨을 느꼈고, 틈틈이 희곡 집필, 연출, 연기 지도를 하기도 했다.

연극에 대한 열정은, 자기 작품을 독자들에게 낭독해 주는 순회 행사를 통해 표출되기도 했다. 이러한 일은 1853년의 자선 공연으로 시작되었고, 1858년부터는 작품 낭독에 본격적으로 나섰다. 1867-68년에 걸친 두 번째 미국행은 엄청난 금전적 이득을 가져다준 낭독 여행이었다. 그는 직접 작품을 해석하는 일에 혼신을 다했고, 크게 즐겼다. 〈올리버 트위스트〉에서 낸시가 살해되는 장면을 낭독하고 나면 감정을 추스르기 위해 잠시 무대를 떠나야 했을 정도였다. 그리고 그런 대목에서 여성 관객들이 기절하는 일은 다반사였다고 한다.

디킨스의 문학적 경력은 초년의 성공을 위시해 승리의 연속이라고 할 수 있다. 그의 인기는 엄청나게 높아졌고, 어디를 가든 숭배에 가까운 대우를 받았다. 세계 도처에서 그의 낭독을 듣는 청중은 엄청난 수에 이르렀고, 새 작품이 발표될 때마다 열광적인 기대감을 안고 그의 낭독을 기다렸다. 디킨스는 그 어떤 작가도 살아 있는 동안 받아보지 못했던 사랑을 전 세계의 독자들로부터 받은 것 같다.

1870년 6월 8일, 마지막 작품인 〈에드윈 드루드의 미스터리〉를 집필하던 찰스 디킨스는 저녁식사 시간 무렵 쓰러져 혼수상태에 빠졌고, 다음날 저녁 숨을 거두었다. 그의 시신이 웨스트민스터 사원에 안장되던 날에는 전 세계가 애도했다.

작품 노트

작품의 개요

〈올리버 트위스트〉의 서문에서 디킨스는 예술에 대한 신조 한 가지를 강조하듯 단언했다. 그는 대중 문학에서 악한을, 〈거지의 오페라 *The Beggar's Opera*〉[*]에 나오는 매키스처럼 유쾌하고 다채로운 삶을 사는 당당한 인물로 묘사하는 것에 분개하고, 그토록 잘못된 묘사는 독자의 마음속에 잠재적인 해악을 미치게 된다고 생각했다. 따라서 자기 작품에 등장하는 타락한 인물들의 본성과 행동은, 설사 그것이 지나쳐 보일지라도 전혀 왜곡되지 않은 진실이라고 단호하게 주장한다.

디킨스는 현실에 폭력을 가하는 세계관을 보여준다는 비난을 자주 받았다. 그러나 소설가는 삶에 대한 해석을 허구라는 매개체를 통해 독자와 소통하는 사람이고, 그의 경험과 상상의 혼합물 속에서 작품이 태어나고 자라나는 것이다. 우리는 작가로서의 성공을 판단할 때, 그의 의도와 목표를 받아들여야 한다. 디킨스는 기괴함에 매료되어 있었고, 과장하는 독특한 재능을 지녔다. 그에게 삶은 환상 속으로 뛰어들기 위한 도약대였고, 그것을 발판 삼아 실재 세계의 진실이 비치는 거울이기도 한 가공의 세계를 창조했다.

---

[*] **거지의 오페라:** 영국의 시인 겸 극작가 존 게이(John Gay. 1685-1732)의 작품. 정치 · 사회 풍자극이자 이탈리아 오페라에 대한 비웃음이 담겨 있다.

〈올리버 트위스트〉는 디킨스가, 소설은 사회 개혁을 지향해야 한다는 일반 원칙을 받아들이고 있었다는 사실을 결정적으로 보여주는 작품이다. 그러나 그는 실재 세계의 병폐에 대한 만병통치약 격인 유토피아 사상을 신봉하는 선동가는 아니었다. 정부, 법률, 교육제도, 형벌체계 등 당시의 제도를 통렬하게 공격하고, 그런 제도에 의해 강요되는 불의와 비참함을 가차 없이 폭로했지만 기존 질서의 전복을 주장하지 않았으며, 구체적인 대안이나 해결책도 내놓지 않았다.

디킨스는 대체적으로 영국이란 국가나 사회 조직에 반기를 든 것 같지는 않다. 만약 그가 당대와 대체로 들어맞는 정서와 가치를 표현하지 않았다면 그토록 엄청난 인기를 얻을 수 없었을 것이다. 그는 종교적 움직임을 포함, 거의 모든 제도를 의혹의 눈길로 바라보았다. 〈고된 시기〉에서는 노조운동을, 모든 억압세력의 경우와 마찬가지로 권력을 휘두르는 자들은 결국 타락과 악습의 먹이가 된다는, 위험이 가득한 행위로 그렸다. 제도가 선의 매개체라는 확신을 거의 갖지 않았으며, 오히려 사람을 믿었던 것이다.

그는 인간의 본성에 내재되어 있다고 여기는 선함을 이끌어내는 것에 의존해 진보를 이루려고 했다. 숨통을 틀어막지만 않는다면 자연스럽게 표출되는 인간 본연의 자비로움에 대해 큰 믿음을 가지고 있었던 것. 따라서 그는 인간 본성에서 우러나오는 선함의 흐름에 적대적이라고 여겨지는 모든 개인,

제도, 체제에 대해서는 마음속 깊이 증오심을 지니고 있었다. 그러나 이러한 천부적 자질이 절대 파괴될 수 없는 것이라고 여기지도 않았다. 〈올리버 트위스트〉에서 극명하게 보여주듯, 사악함의 영향을 받으면 선한 인간성에 존재하는 선한 특질도 다시 회복하지 못할 만큼 잃을 수 있다는 점을 인정한다.

이런 이유로, 디킨스는 인격의 발달과 행동의 조절에서 환경이 미치는 영향력을 크게 강조한다. 그리고 정치의 작용에 대해서는 거의 믿음을 갖고 있지 않은 반면, 진보에 대한 희망을 교육에 두었다. 따라서 학교 교육이란 제대로 만들어지고 시행되어야 한다고 생각한 그는 여러 작품에서 교육의 타락상에 대해 풍자의 채찍을 마음껏 휘둘러 공격하고 있다. 올리버 트위스트의 운이 상승세를 타기 시작할 때마다 그에게 은혜를 베푸는 인물들이 그의 교육에 대해 관심을 갖는다는 점은 주목할 만하다.

디킨스는 인물 묘사가 불충분하다는 흠을 잡히는 경우가 많지만, 이는 놀랄 만한 창조물을 만들어내는 작가의 재능이 발휘된 것이다. 그는 인물의 외적 행동에 일차적인 관심을 가졌으며, 내면세계의 탐색에는 거의 신경 쓰지 않았다. 대체적으로 '단조로운' 성격을 지닌 인물들은 인격의 다양한 측면을 드러내 보이지 않고, 발전하지도 않는다. 사건이 진행되는 과정이나 다른 인물들과의 상호작용을 통해서도 변화하지 않고 고정된 성격을 그대로 유지하는 것이다. 따라서 점진적인 과정을 통해 복잡한 인간으로서의 성격을 축적하지 않고 있었기 때문에 때로는 뜻밖에 정반대의 행동을 하는 것처럼 보일 수도 있다.

디킨스의 풍자적 인물 묘사는 지나치게 과장된 것으로 보일 수 있지만, 대개 허구라는 환경 속에서 매우 진지한 역할을 수행하며, 실제 인간성의 전형으로 받아들여져서는 안 된다. 부수적인 인물이 처음 등장할 때는 어김없이 어떤 특징을 지닌 인간형으로 분류해서 정체성을 부여한다. 일단 그렇게 소개되면 그들은 주요 사건과 별반 관계가 없는 경우에도 반복적인 독특한 말투와 행동으로 쉽게 기억된다. 이런 식으로 묘사하다 보니 불쾌한 존재로 그려지는 인물들이 정직하고 예의바른 모범적 인물들보다 더 두드러져 보이는 경향이 있다. 선함이란 것이 말투나 동작을 통해 극적으로 표현되거나 나타내기 힘든 특질이기 때문이다. 그러므로 주인공들은 두드러져 보이는 활력이나 개성이 없는, 시시하고 설득력 없는 인물로 그려지는 경우가 잦다.

디킨스는 신파적인 것에 대한 욕구를 강하게 지녔으며, 등장인물들은 이러한 점을 반영한다. 중심인물들은 그 본성에 따라 확실하게 흑백 가운데 한쪽에 속하게 된다. 따라서 일어나는 갈등 사이에서 진지한 인물들은 덕성과 사악함의 양 극단을 구현한다.

그의 소설들은 유기적 통일성을 내세우는 작품에 길들여

진 독자에게는 뒤숭숭하게 느껴질 수도 있는 산만하고 느슨한 구성이 특징이고, 그것을 결점으로 지적하는 사람들도 많다. 작품의 중심, 즉 정확히 무엇에 관한 이야기인지 간단히 짚어 내기 힘들다는 뜻이다. 줄거리는 뒤얽힌 조연급 인물들과 전혀 관계없어 보이는 사건들로 인해 풀기 어렵게 깊이 연관된 채 짜여 있기 때문이다.

특히, 중요한 장면들을 신파적 특성에 의존해 구성하는 것은 작가의 계획을 망쳐놓을 수도 있다. 비장함을 구현하고자 하는 노력이 신파적 감상에 빠져들면, 그 효과가 독자에게는 전혀 나타나지 않는다. 연민은 반드시 조심해서 사용해야 한다. 독자가 자신의 감정에서 연약한 부분이 이용당하는 것에 반감을 느낄 수도 있기 때문.

유머 면에서도 적정 수준을 훨씬 넘어서고 있지만, 의도를 망각하는 일은 좀처럼 없고 단지 줄거리를 더욱 다채롭게 만들고 독자를 즐겁게 해주기 위해 구사된다. 그리고 약점이나 사악함이 지닌 불합리함이 드러나지 않는 선에서 과장함으로써 유머를 통해 풍자 효과를 내기도 한다. 특히 디킨스는 인간성에 반하는 범죄에 자극을 받으면, 결국 공개적인 빈정거림이 되는 신랄한 반어법을 구사하려고 든다.

디킨스의 결함이 무엇이든 그것들은 천재성의 결함이다. 그의 작품 속에 나타나는 여러 가지 기술적 결함들은 역사적 상황에 의해 강요된 것일 뿐이다. 확고한 도덕주의자일 뿐만 아니라 최고의 이야기꾼이기도 했던 그는 세상이 자신의 의도를 받아들이려면 먼저 책이 읽혀져야 한다는 것을 제대로 알고 있었다. 그것은 곧 그가 독자들의 취향과 욕망을 염두에 두고 교묘하게 독자들을 끌어들이고 있었음을 의미하기도 한다.

디킨스가 작가 활동을 시작했을 때, 소설이란 장르는 충분히 발달하지도, 사람들에게 받아들여지지도 않았다. 사람들은 그저 즐거움을 얻기 위한 가벼운 읽을거리로 여겼고, 존중할 만한 것이 못 된다는 인식이 확산되어 있었다. 따라서 약삭빠른 소설가라면 독자들에게 도덕적 양념으로 양심을 어루만져주는 한편, 생생한 오락거리를 제공해야 했던 것이다.

문학 장르로서의 소설은 형성 단계였기 때문에, 디킨스는 감정을 고조시키는 특질들로 넉넉히 장식된 느긋하고 산만한 긴 줄거리를 선호하는 18세기의 전통을 따랐고, 아울러 작품 형식은 부분적으로 연재물 성격의 요건들에 의해 지배되기도 했다. 연재물은 정교하게 연결된 줄거리를 중심으로 전달되는 탄탄한 구성이 아닌, 일화적인 형식을 따라야 했다. 매회 어느 정도 독립적인 중심 주제를 가져야 했고, 동시에 다음 회에 대한 기대감을 일으킬 수 있도록 긴장감을 고조시켜야 했기 때문이다.

이러한 구성 방식은 작가가 처한 상황들에 의해 한층 더 복잡해졌다. 추측컨대, 전체적인 기획 같은 것은 없었고, 매회 분을 그때그때 집필했거나 가까스로 시간을 맞춰 써내야 했기 때문에 집필이 끝난 다음 원고를 수정하고 다듬을 기회가 전혀 없었다. 따라서 작가도 그 다음 회의 전개 내용에 대해 모르고 있기는 독자나 별반 다르지 않았다. 1837년 11월 3일, 디킨스는 〈올리버 트위스트〉에 대해 친구이자 전기 작가인 존 포스터에게 이렇게 말했다고 한다. "나는 낸시를 통해 뭔가 대단한 일을 하고 싶다네. 그녀 그리고 그녀와 대비될 여자를 어떻게 그릴 것인지 생각해낼 수만 있다면…" 1838년 9월, 그 작품이 거의 완결을 향해 가고 있을 때, 디킨스는 포스터에게 "유태인 패긴이 너무도 끔찍한 악당이라 어떻게 해야 할지 몰라 그의 처리 방향을 결정하지 못했다"고 털어놓았다. 로즈 메일리는 죽게 만들 작정이었으나 마음을 바꿔 결국에는 병이 낫는 것으로 결말지었다.

디킨스의 작품에 어떤 결함이 존재하건, 그가 누렸던 각별한 인기는 당시 그가 문단의 주역이었다는 사실을 증명한다. 그의 작품은 당대의 요구를 반영한 전통과 천재성이 결합된 것이라고 할 수 있다. 그가 이따금씩 보여준 신랄함에도 불구하고, 그의 작품은 빅토리아 시대*의 영국이 해낼 수 있는 최상의 것을 지지했다. 그리고 뒤이은 각 세대들은 그가 보여준 넉넉한 시대정신과 무한한 창조적 업적에 경의를 표함으로써

그에 대한 최초의 판단이 틀리지 않았음을 확인시켜왔다.

19세기 초의 영국

프랑스 대혁명(1789-92)부터 1815년까지 지속된 나폴레옹 1세 시대에 걸쳐 영국은 유럽 대륙을 뒤흔든 사건들과 뒤얽혀 있었고, 그 결과 자국 내에서도 격동의 시기를 맞았다.

프랑스 대혁명 초기에 있었던 낡은 질서의 전복은 대다수 영국인들도 열렬하게 환영했다. 그러나 프랑스 내에서의 폭력 사태와 공포 정치가 극도에 달하면서, 영국 사회도 첨예하게 갈라졌다. 유산 계급과 지배 계급으로 구성된 상류층은 당연히 영국해협 건너편에서 벌어지는 사태가 민중의 과격함을 부추기는 식으로 전개되자 경악했지만 소외된 하층민과 진보주의자들은 반대로 고무되었다. 특히 영국이 프랑스와 전쟁을 벌이게 되면서 사회는 혼란에 빠졌고, 이것을 억압하려는 조치들이 취해졌다.

대륙에서의 전쟁으로 영국 국민들은 고통을 받았다. 전쟁 비용을 조달하기 위해 부과된 무거운 세금은 가난한 사람들에게 엄청난 부담이었지만, 부유층에는 상대적으로 그리 큰 희생이 아니었다. 물가 상승과 식량 부족으로 서민들의 불만은 고조되었고, 정부가 인플레이션으로 이어지게 될 화폐를 발행하면서 고통은 더욱 심해졌다.

동시에 프랑스가 경제 전쟁을 지속하면서 영국산 제품을 팔 수 있는 시장 대부분을 빼앗아버렸다. 광범위한 실업 사태는 1811년부터 1813년까지 심각한 고통의 원인으로 작용했다. 1811년, 기계 파괴자라고 알려진 실업자들은 무리를 지어 자신들을 궁핍한 처지로 몰아넣었다고 여기는 기계를 파괴하며 전국을 떠돌았다. 그러자 찰스 디킨스가 출생한 1812년에는 공장의 제조 설비 파괴를 사형으로 처벌하는 법률이 제정되었다.

1815년 워털루 전투에서 패한 나폴레옹이 종신형을 받고 세인트헬레나 섬으로 유배된다. 숱한 목숨을 앗아간 장기간의 무력 충돌이 끝나고 평화가 회복되자 모든 사람이 쌍수를 들어 환영했지만 낙관과 높은 기대감은 순식간에 산산조각 났다. 적대 행위의 중단으로 수반된 혼란은 영국을 일찍이 전례가 없을 정도의 파괴적인 침체 속에 빠뜨렸고, 불만에 가득한 군중은 고통의 원인을 지주와 공장주들에게 돌렸다.

다시 한 번, 폭력과 파괴가 전국을 휩쓸면서 불가피하게 당국의 보복 조치가 뒤따랐다. 그 정점에는 '피털루 대학살'로 불리는 사건이 있었다. 1819년 8월 16일, 맨체스터의 성 베드로 광장에 모여든 시민들에게 연대 병력의 기병대가 돌진해 11명이 사망하고 400여 명이 부상을 입은 사건이다. 이러한 잔학무도한 행위로 시민들의 분노가 폭발했지만, 정작 관리들은 공공연히 묵과했다.

오랜 세월 영국의 가장 큰 숙제 하나는 꾸준히 증가하는 극빈층의 구제였다. 엘리자베스 여왕 시대 이후로 계속된 빈민구호 활동 경비를 충당하고자 일반인들에게 무거운 구빈세를 부과했으나, 이 제도를 악용하는 사례가 기승을 부렸다. 건강한 신체를 갖고 있으면서도 일자리를 찾으려 하지 않고 빈민 구호금을 타먹으면서 노는 쪽을 택하는 자들이 늘어났으며, 입에 풀칠하기도 힘든 박봉일 경우 빈민 구호금을 보조해 주는 제도가 생겨나자 비양심적인 고용주들은 오히려 급료를 적게 책정해 자립하려고 애쓰는 노동자들에게 좌절감을 안겨주었던 것이다. 전후, 40만에 이르는 퇴역군인들이 실직자 무리에 합류하면서 위기 상황은 더욱 악화되었다.

표면에 드러난 추악한 현상과는 대조적으로, 그 이면에서는 상황 개선을 위해 노력하는 강력한 힘도 작용했다. 여론이 다수의 낡은 악습을 바로잡으려는 개혁가들의 노력을 지지하고 있었던 것.

1800년, 대부분 경범죄에 속하는 220가지 죄에 대한 처벌이 사형으로 강화되었다. 이런 야만적인 상황에 배심원단이 피고인의 기소 평결을 거부하는 경우가 잦아졌고, 개혁운동가들은 부단히 사형제도 철폐 운동을 벌였다. 그 결과, 1837년에는 15종의 범죄만이 극형으로 처벌할 수 있게 되었다.

노예제도 또한 인도주의 세력의 공격을 받았다. 1808년, 노예무역은 불법으로 규정되었고, 1834년에는 영국 영토 전역에서 완전히 철폐되었다. 이를 위해 점진적인 변화와 노예 소유주들에 대한 넉넉한 보상금 지급이 조용히 추진되었다.

1830년 윌리엄 4세가 즉위하고 실시된 선거에서 토리당이 실각하고 휘그당이 집권하면서 진보가 가속화되었다.

가장 긴급한 현안 가운데 하나가 의회 개혁이었다. 1829년에는 가톨릭 교도도 의회의원이 될 수 있었으며, 1832년에는 상원의 단호한 반대에도 불구하고 선거법 개정 법안이 통과되었다. 이 안은 대표자 선거에 존재하는 갖가지 불평등 조항들을 삭제하고, 중산층의 선거권을 확대하는 계기가 되었다.

1833년, 공장에서 어린이를 고용하는 것이 규제되기 시작하고, 이어 어린이와 여성의 노동 시간과 작업 조건을 관리하는 법률 조항들이 늘어났다.

1834년에 제정된 구빈법은 노동력이 있는 극빈자들은 구걸하지 않고 구빈원에서 생활해야 한다고 규정했다. 일반인들은 구빈원 수용자들을 모욕적으로 대했고, 나아가 이런 기관에 대한 혐오감을 조장하기 위해 의도적으로 환경을 가혹하게 만들어놓았다. 그 의도는 어떤 관점에서 본다면 성공적이라고 할 수 있었다. 3년도 채 지나지 않아 빈민구호 비용이 3분의 1로 줄어들었기 때문이다. 그러나 이 제도는 신랄한 비판을 받았고, 범죄율 증가의 원인으로 지목되기도 했다. 〈올리버 트위스트〉에서 디킨스가 고발하는 것이 바로 1834년에 제정된 구빈법이다.

1837년 6월 20일 빅토리아 여왕이 즉위하면서 중산층이 힘을 얻고 있었다. 당시 피크위크 씨(디킨스의 첫 작품인 〈피크위크 페이퍼스〉에서. 역자주)는 이미 열혈 추종자들을 거느렸으며, 올리버 트위스트의 파란만장한 생애도 전국적으로 수많은 열성 독자들의 관심을 끌었다. 빅토리아 왕조 시대의 시작은 스물다섯 살의 청년 찰스 디킨스에게 장차 유명한 소설가로 이름을 날리게 될 탄탄대로를 닦아주고 있었던 것이다.

줄거리

올리버 트위스트의 어머니는 구빈원에서 그를 낳고는 세상을 떠난다. 아기의 아버지는 누구인지 모르며, 고아가 된 아기는 사설 고아원에 맡겨진다. 9년간 학대를 받으면서 고아원에서 자란 아이는 구빈원으로 오지만 학대는 고아원 못지않다. 아이들을 대표하여 먹을 것을 더 달라고 요구했다가 미움 받는 인물이 되었고, 장의사인 소워베리의 도제로 보내진다. 역시 장의사 밑에서 일하는 구빈원 출신의 소년 노아 클레이폴은 올리버에게 주인 말을 듣지 말라고 충동질하고, 올리버는 그 말을 따랐다가 흠씬 매를 맞고는 도망쳐 런던으로 향한다.

런던 도심에서 멀지 않은 곳에 당도한 올리버는 존 도킨스 패거리에 합류한다. 날쌘 도저라는 수상쩍은 인물이 올리버를 악명 높은 범죄 집단의 우두머리 패긴에게 데려간 것. 올리버의 자유는 끝장나고, 소매치기 기술을 훈련받는다. 올리버는 찰스 베이츠와 도저와 함께 일을 나간다. 둘은 어떤 늙은 신사의 주머니를 털고 도망치면서 올리버가 죄를 뒤집어쓰고 붙잡히도록 내버려둔다. 경찰서에 끌려간 올리버는 겁에 질리지만, 소매치기 현장을 목격한 서점 주인의 증언으로 누명을 벗는다. 탈진해 쓰러진 올리버를 피해자인 브라운로가 자기 집으로 데려간다.

올리버가 은인의 집에서 회복되고 있는 동안, 브라운로는 올리버의 용모와 어떤 여성의 초상화 사이에 닮은 점이 많다는 사실을 알고는 이리저리 궁리한다. 패긴은 올리버가 자기들 손아귀에서 벗어나 구조된 사실에 두려워하며 불같이 화를 낸다. 패긴이 신뢰하는 낸시는 패거리가 소굴을 옮기는 동안 올리버의 행방을 추적해 보라는 명령을 받는다.

올리버를 믿지 않는 브라운로의 친구 그림위그는 그에게 심부름을 시켜 정직성을 시험해 보자고 한다. 심부름을 갔던 올리버는 낸시와 그녀의 친구인 빌 사이크스에게 다시 붙잡혀 패긴 앞으로 끌려가 한동안 갇히는 신세가 된다. 한편, 올리버가 출생한 교구의 직원인 범블은 이 소년의 행방을 찾는 브라운로의 광고를 보고 연락을 취해 소년의 이력과 성품에 대해 엉뚱한 악선전을 늘어놓는다.

올리버를 범죄에 깊숙이 연루시켜 완전히 자기 손아귀에 잡아두고 싶어 안달인 패긴은 현재 계획하고 있는 큰 건에 그를 데려다 쓰라고 사이크스를 설득한다. 사이크스는 올리버를 끌고 런던 시내를 지나 서쪽의 처시 근처에서 토비 크래킷을 만난다.

도둑질의 목표물로 점찍은 집에 당도한 그들은 올리버를 들어올려 작은 창문 안으로 집어넣는다. 사람들이 깨어나고 뒤이어 벌어진 혼란 속에서 올리버는 총에 맞는다. 도둑들은 총에 맞은 올리버를 데리고 도망치다가 도랑에 버린다.

구빈원에서는 올리버 어머니의 출산을 도왔던 거지 노파 샐리가 죽어가고 있다. 노파의 다급한 요청에 구빈원의 여자 감독관 코니 부인이 임종을 지킨다. 그 이후 곧바로 범블과 여자 감독관은 결혼을 약속한다.

패긴은 토비 크래킷이 혼자 돌아오자 크게 화를 내고, 걱정스럽게 사이크스에 대해 질문한다. 이어 그는 험악한 분위기 속에서 몽크스란 인물과 만난다. 올리버가 범죄자로 살아가도록 망쳐놓으라는 임무에 실패했다며 몽크스는 이 늙은이에게 화가 나 있다.

도랑에 버려진 올리버는 의식을 회복하자 비틀거리며 근처에 있는 집으로 간다. 바로 그의 일당들이 털려고 했던 집이다. 집주인인 메일리 부인은 소년을 집 안으로 들여 의사 로스번의 묵인 하에 보호한다. 소년은 중병을 앓는 부인의 조카딸 로즈 메일리가 요양하고 있는 시골의 오두막으로 보내진다. 올리버는 읍내의 한 여관 뜰에서 어떤 불쾌한 사내와 마주친다.

그 사내는 나중에 패긴과 함께 올리버를 염탐한다. 로즈는 메일리 부인의 아들 해리의 청혼을 받아들이지 않지만, 그는 포기하지 않는다.

범블을 만난 몽크스는 죽은 샐리에게서 범블 부인이 훔쳐낸 전당표로 되찾은 로켓*을 구입한다. 샐리는 죽어가는 올리버 어머니의 마지막 말을 들었던 노파다. 몽크스는 그 장신구에 들어 있던 '애그니스'란 이름이 새겨진 반지를 강물에 던져버린다.

낸시는 사이크스를 간호하면서, 그에게 약을 먹여 재우고는 살그머니 빠져나와 하이드파크에서 로즈 메일리를 만나 패긴과 몽크스의 말을 엿듣고 알게 된 두 가지 사건의 전말을 이야기한다. 두 악당이 몽크스의 깊은 증오의 대상, 즉 이복동생인 올리버를 파멸시킬 음모를 꾸미고 있다는 것이다. 런던을 떠났던 브라운로가 돌아오자, 로즈는 낸시로부터 들은 이야기를 들려준다. 그 이야기는 해리 메일리, 그림위그, 로스번에게도 전해진다.

노아 클레이폴과 소워베리의 하녀인 샬럿이 장의사의 금고를 털고 런던으로 숨어든다. 그들은 패긴에게 발견되고, 노아에게는 경찰서에 가서 소매치기 혐의로 잡힌 도저에 대한 정보를 알아오라는 일거리가 주어지고, 샬럿에게는 낸시의 행

---

* **로켓**(locket): 사진 · 머리카락 · 기념품 등을 넣어 목걸이 등에 다는 작은 금합(金盒).

동이 의심스럽다며 염탐하라는 지시가 내려진다. 낸시는 한밤 중에 런던 브리지에서 로즈와 브라운로를 만나 몽크스를 궁지에 몰아넣을 방법을 가르쳐준다. 모든 것을 엿들은 노아가 곧바로 돌아와서 패긴에게 보고한다.

패긴이 약탈을 일삼고 다니는 사이크스를 기다렸다가 낸시의 배신행위에 대해 약을 올리듯 까발리자 그는 당장 집으로 달려가 이 불쌍한 소녀를 몽둥이로 때려죽인다. 그는 그 끔찍한 일이 뇌리에서 떠나지 않아 하루 종일 시골 이곳저곳을 떠돌다가 런던으로 돌아온다.

브라운로는 몽크스를 붙잡아 자기 집으로 데리고 간다. 그 결과 드러난 사실들로 이제까지의 수수께끼가 밝혀진다. 브라운로는 몽스크의 아버지인 친구 에드윈 리포드의 누이와 약혼한 적이 있다. 아직 소년이던 리포드는 마음에도 없는 결혼을 억지로 했다. 이 부부 사이에서 몽크스가 태어났고, 부부는 별거한다. 리포드는 애그니스 플레밍이란 퇴역 해군 장교의 딸과 사랑하는 사이가 되지만 상속받은 재산의 관리를 위해 로마에 머물다가 갑자기 세상을 떠났다. 그의 아내(몽크스의 어머니)는 그가 죽기 직전 파리에서 남편에게로 온다. 당시 애그니스는 올리버 트위스트를 임신하고 있었다. 리포드는 이탈리아로 떠나기에 앞서 친구 브라운로에게 아내의 초상화를 남겨두었다.

올리버와 애그니스 플레밍의 얼굴이 놀라울 정도로 닮아

서 브라운로는 올리버가 사라진 이후 계속 몽크스를 찾고 있던 중이었다. 낸시가 알아낸 것을 바탕으로 브라운로는 리포드의 유언장 파기, 올리버의 신원을 밝혀줄 로켓의 행방, 죄 없는 소년을 파멸시키려는 패긴과 몽크스의 악의적인 음모 등, 사건의 전말을 알게 된다. 그동안 벌어졌던 일들의 전모가 밝혀지고, 자신이 낸시의 살인범과 연루되어 있다는 사실을 알게 된 몽크스는 죄를 뒤집어쓰지 않게 해준다는 조건으로 타협을 한다. 브라운로가 내놓은 타협안은 최초의 유언장 내용에 따라 동생에게 모든 것을 되돌려준다는 것.

토비 크래킷과 톰 치틀링은, 템스 강 남쪽 기슭 작은 만에 위치한 제이콥스 섬의 폐허 한복판에 있는 무너져가는 건물에 피신해 있다. 클레이폴과 패긴은 체포된 상태였고, 그 사이 치틀링과 베이츠는 도망쳤다. 이 무리에 보태진 환영받지 못하는 존재 빌 사이크스는 경찰의 추적을 받고 있다. 찰스 베이츠는 일행에게 사이크스 때문에 추적자가 따라붙었다고 경고한다. 사이크스는 지붕 꼭대기에서 도망치려다가 떨어져 자신의 올가미에 목이 매달려 죽고 만다.

올리버는 메일리 부인, 로즈, 로스번과 함께 자신이 태어난 읍으로 돌아간다. 브라운로는 몽크스를 따라간다. 몽크스는 직접 문서로 작성해 놓은 진술서를 확인시켜준다. 거기에서 두 이복형제의 이력이 다시 한 번 간략하게 재확인된다. 두 아이의 아버지는 엄청난 재산을 애그니스 플레밍과 태어날 아기에게 남겼다. 범블 부부는 몽크스가 사실을 모두 털어놓자,

어쩔 수 없이 이 사건에서 맡았던 역할을 인정한다.

비록 메일리 부인이 조카라고 인정했지만 출신이 불분명했던 로즈에 대해 새로운 사실이 한 가지 밝혀진다. 애그니스 플레밍의 여동생인 그녀는 올리버에게는 이모가 된다. 해리 메일리가 평생을 마을의 교구목사로 지내겠다는 서약을 파기하자 그들의 결혼에는 아무런 방해물도 남지 않는다.

패긴은 유죄로 판명되고, 교수형이 선고된다. 그는 처형을 기다리며 감옥에 갇혀 있는 동안, 혐오스러운 인간성의 찌꺼기만 남은 존재로 파멸한다. 그가 처형되기 전날 밤, 브라운로와 올리버가 방문한다. 그는 올리버와 관계된 몇 가지 문서의 행방을 털어놓는다.

패긴에게 불리한 증언을 한 대가로 클레이폴은 사면되고, 그와 샬럿은 초라한 삶을 살아가게 된다. 찰스 베이츠는 개심하여 양치기가 된다. 패긴 패거리의 다른 굵직한 일원들은 영국에서 추방되어 유형지로 보내진다. 브라운로의 권고에 따라 올리버는 재신을 몽크스와 나누지만, 몽크스는 나중에 빈털터리가 되어 감옥에서 비참하게 생을 마감한다.

로즈와 해리 메일리는 결혼하고, 메일리 부인과 함께 산다. 브라운로는 올리버를 양자로 맞고, 로스번과 함께 근처 교구에 정착한다.

일자리를 빼앗긴 범블 부부는 애그니스 플레밍이 올리버 트위스트를 출산하고 사망한 그 구빈원에 수용된다.

등장인물

올리버 트위스트 *Oliver Twist* 고아 주인공. 에드윈 리포드와 애그니스 플레밍 부부의 아들. '감정이 너무 메마르거나 넘쳐나지 않고' 사랑스럽고, 감사할 줄 알며, 상냥한 아이. '자신을 보호하는 것이야말로 자연의 첫째 법칙'이란 것을 배우지 못했다.

샐리 딘거미 *Sally Thingummy* 구빈원에 수용된 노파 거지로 나중에 그곳에서 사망한다. '평소보다 많이 마신 맥주로 흐리멍덩한 상태에서' 올리버가 태어날 때 해산을 돕는다.

애그니스 플레밍 *Agnes Flemming* 올리버의 어머니로 퇴역 해군 장교의 딸. 거리에서 죽어가는 상태로 발견되지만 어디서 왔는지, 어디로 가고 있었는지에 대해서는 아무도 모른다.

만 부인 *Mrs. Mann* 영아원을 운영하는 나이 지긋한 여성. 지혜와 경험을 갖췄으며 어떻게 해야 아이들을 제대로 돌보는 것인지 알고 있었기 때문에 아이들 부양비의 '거의 대부분을 자신을 위해 유용'했다.

범블 *Mr. Bumble* 교구 직원. 뚱뚱하고 화를 잘 내며, 자신의 웅변술과 중요성을 대단하게 생각한다. "그는 결정적으로 자기보다 약한 사람을 마구 협박하는 성벽을 지녔으며, 남을 학대하면서 적잖은 쾌감을 느낀다. 결론적으로 (사실은 말할 필요조차 없는 일이지만) 겁쟁이다."

림킨스 *Mr. Limbkins* 교구위원회 위원장. 몸집이 뚱뚱한 신사로 아주 둥글고 불그레한 얼굴이 특징.

구빈원장 *The Workhouse Master* 뚱뚱하고, 건강해 보이는 사내.

갬필드 *Gamfield* 굴뚝 청소부. 사악한 표정은 학대받기 위한 보증수표와도 같다.

소워베리 *Mr. Sowerberry* 장의사. '큰 키에 비쩍 말랐고, 뼈마디가 툭툭 튀어나온 사내'. 부부싸움이 나면, 마누라에게 '짐승 같은 자이고, 변태 같은 남편이며, 무례한 인간이고, 인간의 탈을 쓴 하등동물'이라고 욕을 먹는다.

소워베리 부인 *Mrs. Sowerberry* "심술궂은 표정에 작은 키, 바짝 야위고, 꽉 움켜쥐었다가 놓은 것 같은 몸집의 소유자. 장의사에 딱 들어맞는 취향을 가졌다."

샬럿 *Charlotte* 소워베리 집안의 하녀. '건장하고 튼튼한 몸집에 칠칠치 못하다.'

노아 클레이폴 *Noah Claypole* 보육원 출신의 소년. 소워베리에게 고용되지만 나중에는 모리스 볼터라는 이름으로 패긴 패거리에 들어간다. '커다란 머리통에 눈은 아주 작고, 육중한 몸집에 우울한 표정이다.'

꼬마 딕 *Little Dick* 고아원에서 올리버의 단짝으로, 함께 '얻어맞고, 굶고, 감금되곤 했다.'

존(잭) 도킨스 *John(Jack) Dawkins* 솜씨 좋은 협잡꾼. '날쌘 도저'라고 불린다. 패긴이 가장 높게 평가하는 제자. 지저분한 "들창코에, 이마는 납작하고, 흔해빠진 얼굴의 소년으로 실제 나이보다 어려 보인다. 약간 안짱다리에 조그맣고, 날카로우며, 못생긴 눈을 갖고 있다."

패긴 *Fagin*　범죄단의 우두머리. "팍삭 늙어 쭈글쭈글한 유태인으로, 사악한 표정과 혐오스러운 얼굴은 떡이 져 뒤엉킨 채 수북하게 자란 빨간 머리칼로 감춰져 있다."

찰스 베이츠 *Charles Bates*　패긴 패거리. 수시로 시끄럽게 깔깔대는 '대단히 활기찬' 소년.

베시 *Betsy*　패긴 패거리. '딱히 예쁘다고는 할 수 없지만 아주 당당한 몸집에 원기 왕성한 모습.'

낸시 *Nancy*　패긴 패거리 중에서 신뢰 받고 있으며, 임기응변이 뛰어나다. 단정치 못하며, 예의 따위에 구애받지 않지만, '여전히 본래의 여성성이 조금쯤 남아 있다.'

브라운로 *Brownlow*　'대단히 정중해 보이는 인물'로 '인정 많은 노신사 여섯 명의 마음을 합친 것만큼이나 큰' 도량을 지녔다.

팽 *Mr. Fang*　악명 높은 치안판사. '비쩍 말랐고, 긴 상체에, 고개를 빳빳하게 쳐들고 다니는 보통 몸집의 사내로, 머리칼이 별로 없다.'

서점 주인 *The Bookseller*　'점잖기는 하나 궁티가 흐르는 중년 남자.'

베드윈 부인 *Mrs. Bedwin*　브라운로의 가정부. '아주 깔끔하고 꼼꼼한 옷차림의 인자한 노파.'

빌 사이크스 *Bill Sikes*　패긴과 연관된 무자비한 범죄자. '두 발을 장식할 족쇄 없이는 언제나 뭔가 마무리 되지 않고, 불완전해 보이는' 두 다리를 가진 '강건한 몸집의 사내.'

불스아이 *Bull's-eye* 사이크스의 개. '흰 털에 핏발이 선 눈을 하고 있으며 주인과 똑같이 성격상 결함을 지녔다.'

그림위그 *Mr. Grimwig* 은퇴한 변호사로 브라운로의 오랜 친구. '한쪽 다리를 약간 절지만 건강해 보이는 노신사'로 '절대로 나쁜 마음을 먹어서가 아닌데도, 하는 일마다 면박을 받아 마땅한 짓만 하는' 인물.

바니 *Barney* 리틀 새프론 힐 식당의 웨이터. '패긴보다는 나이가 적지만, 그 외모는 패긴 못지않게 사악하고 혐오스러운 인물'로, 말이 '콧구멍을 통해 흘러나오는 것처럼' 들린다.

톰 치틀링 *Tom Chitling* 패긴 패거리. 18세 정도의 덜 떨어진 소년. '작고 반짝이는 눈에 곰보자국이 잔뜩 나 있는 얼굴'이 특징.

'플래시' 토비 크래킷 *"Flash" Toby Crackit* 패긴과 사이크스의 동료. 화려한 것을 좋아하는 인물로 '머리숱이 별로 없으며, 보통 사람보다 몸집이 약간 크다'.

코니 부인 *Mrs. Corney* 올리버가 태어난 구빈원의 여자 감독. 나중에 범블과 결혼한다. "노인들은 자기보다 나은 사람들을 성나게 만들지 않으면 죽지조차 못하는 위인들"이라고 훈계한다.

몽크스 *Monks* 올리버 트위스트의 이복형제인 에드워드 리포드. 에드윈 리포드와 본부인 사이에서 난 아들. 큰 키에 가무잡잡한 불량배로, 가끔 겁을 먹고, 간질 발작을 일으키기도 한다.

가일스 *Mr. Giles* 메일리 부인의 집사 겸 청지기. '자신이 너무도 장점이 많고 중요한 인물이라고 여겨 괴로워하는 인물.'

브리틀스 *Brittles*   메일리 부인을 위해 온갖 허드렛일을 도맡아 처리하는 인물. "서른이 넘은 나이긴만, 여전히 전도유망한 어린 소년 취급을 받는다."

로즈 메일리 *Rose Maylie*   로즈 플레밍. 애그니스 플레밍의 여동생으로 올리버의 이모. 메일리 부인이 조카로 받아들이고, 나중에는 그녀의 며느리가 된다. '채 열일곱이 안 된 나이'에 '봄에 피는 사랑스런 꽃과도 같은 여성.'

메일리 부인 *Mrs. Maylie*   로즈의 숙모. 당당한 풍채에 '나이가 지긋하다.'

로스번 *Mr. Losberne*   처시의 외과의사. '잘 먹어서라기보다는 풍부한 유머 감각으로 뚱뚱해진 남자.'

해리 메일리 *Harry Maylie*   메일리 부인의 아들. "중키에 25세 정도로 보이는 남자. 표정은 솔직하고 준수하며, 편안하고 호감이 가게 행동한다."

캐그스 *Kags*   유형지에서 탈출한 죄수. '50세의 강도로, 코는 얻어맞아 거의 함몰되다시피 한 상태.'

Chapter 별
정리
노트

Chapters 1, 2

 구빈원에서 태어난 아이

시간과 장소가 밝혀지지 않은 채, 한 구빈원에서 아이 하나가 태어난다. 아기가 살아남기 위해 발버둥치는 동안 젊고 예쁜 엄마의 생명은 몸에서 빠져나가고 있다. 녹색 병에 든 액체로 힘을 얻은 늙은 거지 노파가 외과 의사의 출산을 돕는다. 노파는 의사에게 이 젊은 여자가 누구인지 밝혀지지 않았고, 거리에 쓰러져 죽어가는 것이 발견되어 데려왔다고 설명한다.

태어난 아기 울음소리에 엄마가 힘없이 중얼거린다. "아기를 한 번만 보고 죽게 해주세요." 그 두 가지 바람이 모두 이루어진다. 의사가 그 자리를 떠나면서 여자의 왼손을 들여다보고는 한마디 한다. "흔히 있는 일이군. 결혼반지가 없어."

구빈원에서 태어난 아이에게 여러 차례 물려 입는 낡아빠진 배내옷이 입혀졌다. 이렇게 해서 아기에게는 당장 "신분증명 겸 호칭이랄 수 있는 게 붙여졌는데… 구빈원 아이, 구빈원에서 태어난 고아, 초라한 행색에 쫄쫄 배를 곯으며 죽어라 힘든 일을 해야 하는 아이, 온 세상 사람들로부터 얻어맞고 괴롭힘을 당할 아이, 모든 사람이 멸시하지만 그 누구도 동정하지 않을 아이 등등이었다."

갓난아기 올리버는 8-10개월 정도 구빈원에 있다가 그곳 시설이 아기에게는 맞지 않기 때문에 사설 수용소로 옮겨진다. 이 고아 보호소는 아이들을 굶겨 죽이면서 양육 보조금 대부분을 가로채 번창하고 있는 사업가 만 부인이 운영하는 곳이다. 아기들은 정기적으로 죽어 나갔지만, 당국에서는 사망 원인이 자연사 혹은 '사고'라는 보고를 언제나 인정해 준다.

이처럼 너그럽기 짝이 없는 보육제도 아래에서 올리버 트위스트는 아홉 살까지 지낸다. 생일에는 '굶주림을 가장해 못된 짓을 저질렀다'는 이유로 매를 맞고, 두 명의 악동들과 지하 석탄저장실에 감금당하는 것으로 생일 축하를 대신한다.

올리버가 벌을 받고 있는 동안 감독을 맡은 교구 직원 범블이 갑자기 정원 문 앞에 나타난다. 만 부인은 가둬둔 아이들을 꺼낼 때까지 그를 기다리게 만든다. 참견하기 좋아하는 그 공무원은 비위를 맞추려고 애쓰는 만 부인을 꾸짖으면서 주요 인사라도 되는 양 거드름을 피운다. 두 사람은 만 부인이 내놓은 진을 마시면서 서로의 위선적인 면을 한껏 내보인다.

그러나 이 대단한 분은 그냥 들른 게 아니었다. 올리버의 아버지가

누구인지, 혹은 어머니가 어느 집안 사람인지를 확인하려는 노력이 실패로 돌아갔던 것이다. 당국에서는 그 고아를 태어난 곳, 즉 구빈원으로 되돌려 보내기로 결정했다고 한다. 그 사이, 방금 전까지 석탄 창고에 갇혀 있던 아이는 남 앞에 나설 수 있을 정도로 옷매무새를 가다듬고 있었다. 그들 앞으로 불려와 범블에게 넘겨진 올리버는 새 보금자리인 구빈원으로 간다.

그날 저녁, 구빈원을 감독하는 위원회의 회의가 열리고, 올리버는 이 존엄한 위원들 앞에 선다. 그에게 제공되는 축복된 보살핌에 대한 감사의 마음을 잃지 말라는 충고에 이어, 아이는 기술을 배우는 추가 혜택까지 입게 될 것이라는 말을 듣게 된다. 다음날 아침부터 시작하게 될 뱃밥*을 만드는 일이었다.

이어 당국에서 새로운 구빈원 제도를 마련했다는 사실이 밝혀진다. 극빈자들은 아주 적은 양의 음식만으로 견디도록 식량을 제한한다는 것과 기타 몇 가지 냉혹한 조치들이 시행된다는 내용이다. 이 정책은 대다수 극빈자들을 무덤으로 직행하게 만들어, 구빈원 수용인원을 줄이는 데는 성공한다.

여러 달을 굶주리며 보낸 소년들은 필사적이 된다. 그들은 회의를 열어 먹을 것을 더 요구할 대표를 선출한다. 이 대담한 일을 실행에 옮길 임무가 올리버에게 주어진다. 그날 저녁 빈약하기 짝이 없는 묽은 죽을 먹어치운 올리버는 뚱뚱한 구빈원장에게 다가가 먹을 것을 더 요구한다. 원장은 놀라 기겁한다. 흥분한 범블이 위원회로 달려가 그 사실을 알리자 위원들은 경악한다. 흰색 조끼를 입은 신사 하나가 그 놈을 교수대에서

---

* **뱃밥**(oakum) : 배의 목재 틈새를 채워 물이 새는 것을 막는 재료로 낡은 밧줄 등을 푼 것이며, 주로 죄수나 빈민들을 시켜 만들었다.

최후를 맞게 해야 한다고 목소리를 높인다.

올리버에게는 즉각 감금형이 선고된다. 다음날 아침, 올리버 트위스트를 도제로 받아들이는 사람에게는 5파운드를 준다는 방이 구빈원 정문에 게시된다.

작가가 소설의 서두를 어떻게 시작하는가에 대해 생각해 보면 이해에 큰 도움이 된다. 누구나 뭔가를 쓸 때 그 시작이 고통스러울 정도로 어려웠던 경험을 가지고 있을 것이다. 설사 한 통의 편지를 쓰는 일이라고 할지라도 예외는 아니다. 방대한 작품에서 첫 장의 서두를 써내려가야 하는 일을 마주한 작가가 얼마나 힘들었을지 생각해 보라. 이때 선택된 서술 방식은 당연히 책의 전체적인 구성을 지배하게 되지만, 그 어려움을 해결해 주는 다양한 방식들이 있기는 하다. 여러 작가가 고수해 온 전통 기법은 사건이 벌어지고 있는 가운데, 다시 말하면 사건의 정점을 발단부로 삼아 플래시백* 같은 다양한 문학적 장치를 사용해 지난 부분을 점차적으로 채워나가는 것이다. 이러한 기법이 사용되었다는 것은 처음부터 분명하게 드러나지는 않는다.

주인공 올리버의 이력에 관한 한, 복잡한 기법이 동원되

---

* **플래시백**(flashback)：영화나 소설 등에서 과거 장면으로의 전환.

지 않고 연대순으로 설명이 이어질 것으로 예상할 수 있다. 이야기가 그의 출생에서부터 시작되기 때문이다. 독자는 '이 장 첫머리에 이름이 밝혀진 또 하나의 생명인' 이 갓난아이의 신분이 빈민임을 곧바로 알 수 있다.

작가가 사건의 배경을 다루는 솜씨는 기교 넘치는 불가사의함 그 자체다. 그는 아이가 태어나는 도시의 이름도, 시간도 말해 주지 않는다. 가장 중요한 사실 한 가지는 대부분의 지방에 흔히 존재하는 구빈원에서 그 일이 일어난다는 점이다. 이 방식을 통해 디킨스는 사회 전반에 공통적인 중요한 주제를 다루게 될 것임을 알리면서, 직접적인 배경을 흐리게 만들어 구빈원이라는 장소로 독자의 주의를 집중시킨다.

작품에 작가의 천재성을 버무리는 기법 가운데 중요한 한 가지는 시간 관리다. 시간의 흐름은 드라마적 기법이나 서술적 요약을 통해 드러난다. 그러나 작가가 시간의 흐름을 표현하거나 암시하는 것이 불가능할 때가 자주 있는데, 그 경우에는 대놓고 시간이 어느 정도 흘렀다고 털어놓는 방식에 의존하기도 한다. 2장에서 이 어린 빈민 소년이 학대로 고통받는 내용에 이어 갑자기 그가 아홉 살이란 이야기가 나온다. 독자는 그토록 여러 해가 흘렀으리라고는 생각하지 못했기 때문에, 좀 갑작스럽게 느껴지겠지만 작가는 분명 중요한 시점으로 향하고 있다.

같은 장에서 유명한 조연급 인물 범블이 등장한다. 그는 입을 떼는 순간부터 퍼로키얼(parochial. 교구)이란 단어를 고집스럽게 '포로키얼'로 발음함으로써 눈에 띄게 행동한다. 그리고 '예장용 삼각모를 만족스러운 듯' 바라보는 모습에서 자신의 모자를 지위의 상징으로 여기는 듯하다. 올리버 트위스트는 '의자에 앉아 있는 교구 직원과 탁자에 놓인 삼각모 사이의 어중간한 방향을 향해' 고개 숙여 인사를 하면서 그 상징이 지닌 힘을 인정한다.

만 부인과 이 교구 직원의 이야기를 통해 올리버 부모의 신분에 관해 밝혀진 사실이 없음이 드러난다. 소년의 출신을 둘러싼 모호함은 작품의 서두에서 시작된 신비스러운 분위기를 더욱 강화시켜준다.

이 고아가 처한 고독한 상황은 그의 이름이 지어지는 방식에 의해 한층 강조된다. 교구 직원은 이렇게 버려진 아이는 알파벳 순서에 따라 임의로 선택한 이름을 붙여주게 되어 있다고 설명한다. 따라서 올리버 트위스트란 이름은 스워블과 언윈이란 이름의 중간에 오게 된다. 이처럼 우연성에 지배되는 작명은 소년의 장래에 변덕스러운 운명이 도사리고 있음을 예시한다. 그 운명에 어울리게 올리버는 음식을 더 얻어내려는 위험한 역할을 맡게 되면서 운명의 순교자가 된다.

어리석음과 사악함을 신랄하게 고발하기 위해 디킨스가 사용하는 반어법은 파괴적인 효과를 낸다. 반어법은 말 그대로 전달되는 말 속에 정반대의 의미가 들어 있다. 그 어조는 경쾌하고 유머에 의해 누그러지지만 그 속에 숨겨진 진지함이 명백하게 드러난다. 반어법의 뚜렷한 예는 2장에서 올리버가 험악한 분위기의 위원회에 불려나가 질타와 조롱을 받는 상황에서 나타난다. "그것이야말로 그의 원기를 충천하게 만들고, 그를 편안하게 만드는 가장 훌륭한 방법이었다."

Chapters 3, 4

 도제

　일주일 동안 올리버는 하루 걸러 한 차례씩 소년들이 모두 모인 앞에서 매질을 당하거나 기도 시간에 극도의 사악함을 보여주는 사례로서 구경거리가 되는 시간 이외에는 독방에 감금된 채 지낸다.

　어느 날 아침, 갬필드라는 지나가던 굴뚝 청소부가 구빈원에서 올리버를 내보내려 한다는 공고를 보게 된다. 구빈원에서 제시한 5파운드가 절실했던 갬필드는 안으로 들어와 공고에 적힌 금액만 준다면 올리버를 도제로 데려가겠다고 자청한다. 위원회 위원인 림킨스는 '굴뚝 청소라는 일이 힘들고 지저분한 것'임을 지적한다. 그 문제를 협의한 위원회는 갬필드의 제안을 거절하지만 약간의 실랑이 끝에 올리버를 3파운드 10실링에 넘기기로 합의하고, 최종 승인을 위해 그 내용을 문서로 작성한다.

　치안판사들 앞으로 불려나간 올리버는 갬필드의 잔인한 인상을 보고는 겁에 질린다. 막 도제계약 문서에 서명을 하려던 나이 지긋한 치안판사 한 사람이 공포에 떠는 올리버의 모습을 보고 잠시 주저하다가 몇 가지 질문을 던진다. 올리버는 심술궂게 생긴 굴뚝 청소부에게 넘겨지는 것만 아니라면 그 어떤 운명의 저주라도 달게 받겠다며 필사적으로 탄원한다. 그 말에 치안판사의 마음이 움직여 도제계약 절차는 거기서 종결된다. 올리버는 다시 구빈원으로 돌려보내지고, 광고지가 다시 정문을 장식한다.

　올리버를 선실 사환으로 보내려는 심리가 이뤄지지만, 장의사인 소워베리가 시험적으로 잡일을 시킬 사환으로 데려가기로 동의한다. 그 합의는 당장 결론에 이른다. 그 소식이 올리버에게 전달될 때 그가 '철면피의 어린 악당'이라서 그렇다는 공론으로까지 이어지지만, 그는 태연히 듣고 있다. 사실 올리버는 늘 받아오던 학대에 길들어 짐승과 다를 바 없이 무감각하고 무뚝뚝하다.

범블은 수척해진 소년을 '새로운 고통의 장소'로 넘겨주는 역할을 맡는다. 그들이 장의사에 도착했을 때, 소워베리의 마누라는 트립이란 개가 먹다 남긴 음식을 올리버에게 먹어도 좋다고 허락한다. 올리버는 심술 사나운 안주인이 저렇게 엄청난 식욕을 가진 아이를 앞으로 어떻게 먹여야 할지 생각하며 기겁할 정도로 음식찌꺼기를 게걸스럽게 먹어치운다. 이어 안주인은 올리버에게 잠자리라며 카운터 아래, 관들을 쌓아두는 장소를 보여준다.

디킨스는 구빈법에 의해 생겨난 상황을 맹렬히 공격하고 있다. 1834년 법에 의해 구빈원이 제도화되면서, 부수적으로 어리건 늙었건 무력한 극빈자들에 대해 무자비하고 냉소적인 대우가 뒤따랐다. 작가는 이들을 고의적으로 굶주리게 만드는 관행에 대해 분노하고, 거듭해서 비난한다. 더욱이, 노동력을 착취하기 위해 굶어죽기 좋을 정도의 음식으로 가난의 희생자들을 이용하려는 자들을 용서하지 않는다.

우리는 다시 한 번 올리버가 얼마나 많이 우연의 힘에 휘둘리게 되는지를 생각하게 된다. 시력이 별로 좋지 않은 치안 판사가 잉크스탠드를 찾기 위해 주위를 두리번거리지 않았더라면 소년의 공포에 질린 표정을 보지 못하고 도제계약 문서에 서명했을 것이며, 올리버는 무정한 주인 밑에서 굴뚝 청소를 하는 무서운 운명에 처해지지 않았겠는가.

다양한 반어법이 극적 반어법이라고 지칭된다. 이 용어는 연극에서 배우들은 어떤 사건이나 대사의 속뜻을 모르고 있는 반면, 관객은 진상을 알고 있는 상황에 적용된다. 그런 유형은 장의사와 교구 직원 사이에 수작이 오가는 장면에서 벌어진다. 소워베리가 범블에게 그의 우아한 코트 단추를 칭찬하자 범블은 위원회에서 내린 상이라고 자랑스럽게 설명한다. "이 단추를 찍은 틀은 포로키얼 직인과 똑같은 거라네. 병들고 다친 사람을 치료해 주는 선한 사마리아인의 모습이 들어가 있지.”
이 장면에서 등장인물들은 그들의 위선과 비열함뿐만 아니라
그들이 맹목적으로 지지하는 제도 전체를 잡아 찢는 신랄한
반어법을 감지하지 못하고 있다.

디킨스는 주기적으로 반어법을 호칭에 담아내고 있다. 따
라서 범블에게 ‘그 고위인사’ 등과 같은 호칭을 붙이지만, 그
의 본성은 누가 봐도 뻔히 드러난다. 종종 ‘철학자’라는 호칭
도 얕잡아보는 속뜻이 있다. 즉 디킨스가 그토록 혐오하는 당
시 상황의 변호자인 정치경제학자들을 주로 가리키는데, 올리
버가 먹은 개밥찌꺼기를 먹여주고 싶었던 인간들이 바로 이
들이다. 당시에는 ‘철학’이 다양한 분야의 학문을 가리키는 말
로 사용되었을 수도 있지만 본래 ‘지혜에 대한 사랑’이란 뜻
이 있으므로 괘씸한 불합리를 지속시키는 죄인들에게 ‘철학자’
란 호칭을 붙인 디킨스의 반어법은 설득력을 갖는다. 이와 비
슷한 경우는 경멸받아 마땅한 만 부인의 사업을 묘사할 때 ‘대
단히 위대한 실험 철학자’라고 단언하는 부분이다.

작가는 이야기 속에서 벌어지는 사건을 만들어내기 위해
주로 극적 기법과 서술적 기법을 사용한다. 극적 기법은, 어떤
말이 오갔고 어떤 행동이 이루어졌는지를 빠짐없이 말해서 독
자가 연극을 직접 보듯이 만드는 것이다. 이때 작가의 개성은
설 자리가 없어진다. 그러나 디킨스는 약간의 비평이나 해설
을 넣고 싶은 유혹을 좀처럼 물리치지 못하고 있다.

이 극적 기법은 생생함과 직접성이라는 유리함을 제공하지만 전형적인 소설은 분량의 한계 때문에 극적 장면들은 아껴뒀다가 이따금씩 최대의 효과가 필요한 상황에서 활용하면 작품에 활력을 줄 수 있다.

서술적 방식의 경우, 독자는 어떤 사건이 벌어지고 있는지 알 수 있지만, 직접 그 사건을 지켜보는 상황은 아닌 방식으로 작품에 노출된다. 서술은 요약과 응축에 사용되며, 시간적 단절을 채우거나 극적 장면들 사이에서 장면을 전환시키는 역할을 한다.

3장은 올리버의 처벌에 대한 서술적 설명으로 시작되고, 나머지 대부분은 올리버, 범블, 갬필드, 위원회, 치안판사들과 관련된 장면들로 극적 형태를 띤다. 마지막 두 문단에서는 사건에 대한 결론을 내리기 위해 다시 서술 방식으로 전환한다. 이러한 기법 전환은 이 작품은 물론, 나아가서는 대개의 소설에서 찾아볼 수 있다.

Chapters 5-7

 **올리버의 반란**

올리버는 매우 낙담해서 잠이 든다. 다음날 아침, 누군가가 밖에서 문짝을 걷어차는 소리에 잠이 깨어 밖을 내다보니 소란의 주범은 노란 '반바지'(무릎 밑까지 내려오는 꽉 끼는 반바지)를 입은 재수 없게 생긴 녀석이다. 그는 노아 클레이폴인데, 자기가 구빈원 고아들 가운데 고참이라고 말한다. 올리버가 무거운 셔터를 걷어 내리려다가 판유리를 깬 것 때문에 호되게 벌을 받고 난 후, 두 아이에게 아침식사가 주어진다. 샬럿은 노아에게는 부드럽게 대하는데, 노아가 구빈원에서 생활하지만 부모가 누구인지 알려져 있다는 차이점 때문이다.

올리버가 장의사에서 일한 지 3, 4주 정도 지났을 때, 소워베리는 주저하면서 자기 계획을 아내에게 꺼내보려고 한다. 늘 그랬던 것처럼 실컷 남편에게 퍼부어댄 그녀는 무슨 얘긴지 들어나 보자고 퉁명스럽게 응한다. 우울해 보이는 생김새 덕에 올리버는 어린아이들의 장례식에 장의사에서 보내는 고용 조객으로 일하게 된다.

그 다음날, 올리버는 '이 업종의 수수께끼와 처음으로 접하게' 된다. 범블이 극빈자인 교구민 아내의 장례를 주관하게 되었다고 이야기한다. 올리버와 그의 주인이 다 허물어져가는 초상집에 도착했을 때, 망인의 남편이란 작자가 격분해서 날뛰고 있다. 그가 구걸한 죄로 감옥에 들어가 있는 동안 사람들이 자기 아내를 차갑고 어두운 방에서 굶어 죽게 내버려

두었다며 소란을 피우는 것이다. 죽은 여자의 정신 나간 어머니는 딸보다 오래 살았다며 혼자 좋아하고, 지겨운 인생에서 유쾌한 휴식이라도 맞은 듯 장례식이 시작되기를 고대하고 있다. 그러나 매장은 참담하고 아무 느낌 없는 일일 뿐이다. 남편이 기절해 쓰러지자 찬물을 끼얹어 깨운 후에 무덤 울타리 밖으로 내쫓는다.

한 달간의 실습이 끝나자 올리버는 정식 도제가 되어 대부분의 장례에 정기적으로 참석하고, 인간의 탐욕과 위선을 깊이 들여다보게 된다. 올리버에 대한 주인의 신임이 높아지면서 고참인데도 무시당하는 노아 클레이폴의 원한을 사게 된다. 장의사가 올리버에게 호감을 가지면서 그의 아내와 올리버는 자동적으로 사이가 나빠진다. 샬럿은 노아가 올리버를 싫어하기 때문에 싫어한다.

어느 날 저녁식사 시간에 샬럿이 주방에서 나가자 노아가 올리버를 헐뜯고 괴롭힌다. 올리버가 참을성 있게 견뎌내자, '심술궂고 성질 더러운 구빈원 소년'은 올리버의 어머니를 조롱한다. 올리버의 응수에 노아가 한마디 던진다. "하지만 네놈이 알아야 할 게 있다, 똘만아, 니 애미는 진짜루 아주 질 나쁜 여자였다는 거야."

분노가 폭발한 올리버는 자기보다 훨씬 큰 소년의 멱살을 움켜쥐고 바닥에 패대기친다. 올리버를 괴롭히다가 오히려 바닥에 깔린 녀석이 내지르는 외마디 소리에 샬럿과 장의사의 마누라가 달려오고, 세 사람이 힘을 합쳐 올리버를 제압한다. 지하실에 감금당한 올리버는 잠긴 문짝을 향해 몸을 던지고 두드려대며 분노를 표출한다. 소워베리는 집에 없었기 때문에, 온화하기 짝이 없는 그의 부인은 노아에게 범블을 불러오게 한다.

구빈원에 도착한 노아의 신파조 소란에 깜짝 놀란 범블은 의관도 갖추지 못하고—삼각모를 쓰지 않은 채—따라나선다. 공교롭게도 흰 조끼

차림의 위원회 위원이 그 자리에 있다. 노아가 마음대로 보탠 자초지종을 듣고 난 신사는 매질을 해서 아이의 버릇을 고치도록 범블에게 지시한다. 범블은 이 유쾌한 임무를 수행하기 위해 노아와 함께 떠난다.

올리버는 이 용맹스런 교구 직원이 허리를 굽혀 열쇠 구멍으로 협상을 시도한 후에도 저항을 계속한다. 범블은 고기를 먹여 반항적인 성격을 키우게 되었다는 판단을 하고, '경험이 풍부한 철학자들'인 위원회는 묽은 죽만 먹이라는 명령을 내린다. 그러자 범블은 올리버가 정상으로 돌아가기 위해 얼마간 굶겨야 할 것인지를 상의한다.

이때 소워베리가 귀가한다. 특별한 이유가 없으면, 이 장의사의 행동은 아내의 눈치를 보고 정해진다. 그는 이미 실컷 두들겨 맞은 아이를 끌어내 무자비하게 매질을 해서 범블조차 주춤할 정도다. 그 후 다시 갇힌 올리버는 안주인이 관 사이에 있는 잠자리에서 자라는 명령을 내리고서야 풀려난다.

혼자 남은 올리버는 참았던 눈물을 흘린다. 한동안 차갑고 조용한 밤을 응시하던 그는 몇 가지 안 되는 옷을 꾸리고는 앉아서 아침이 되기를 기다렸다가 날이 밝기 시작하자 시련에 사무친 그 장소를 떠난다.

올리버는 구빈원에 맡겨지기 전에 머무르던 시설로 향한다. 그곳에서 올리버가 만나려는 유일한 인물은 꼬마 딕이다. 그 아이는 불행에 빠진 올리버에게 특별한 친구가 되어주었다. 두 친구는 애정 어린 작별인사를 나눈다.

디킨스가 가난하고 힘없는 사람들을 억압하고 착취하는

특권 계층을 즐겨 조롱하지만, 사악함이 모든 계층에 존재한다는 사실도 알고 있다. 스스로 올리버보다 우월한 위치에 있다고 생각하는 노아 클레이폴은 작고 아무 잘못 없는 소년을 학대할 특권이 자기 생득권의 일부라고 여긴다. "그것은 우리에게 인간 본성이 얼마나 아름다운 것이 될 수 있는지, 그리고 그와 똑같은 온화한 자질들이 가장 빼어난 귀족과 가장 지저분한 구빈원 소년에 이르기까지 어떻게 공평하게 발전하는지를 보여준다."

하지만 이 인용문에서 핵심적인 단어를 간과하면 안 된다.

'인간 본성이… 될 수 있는지'와 '자질들이… 발전하는지'라는 어구에 주목하라. 디킨스는 인간 본성을 더럽히는 요소들이 환경의 산물이란 원래의 입장에서 조금도 후퇴하지 않고 있는 것이다.

수다스러운 교구 직원 범블은 거의 모든 대화에서 '포로키얼'이란 발음만큼이나 어리석은 뭔가를 꼭 끼워 넣는다. 자신의 구사 능력을 넘어서는 낱말 사용은 얼토당토않은 낱말의 오용*이란 형식으로 웃음을 자아낸다. 죽어가는 베이츠 부인의 '질릴 정도의' 자만심을 평하면서 그녀의 태도를 'antimonial(안티몬의, 안티몬 화합물의)'하다고 단언한다. 물론, 이 단어는 '안티몬'이란 금속에서 파생된 형용사다. 범블이 흐리멍덩한 머릿속에서 떠올리려 애썼을 낱말은 이율배반, 혹은 모순적인 특징을 지녔다는 의미의 'antinomial'이다.

구두약병에 담아 보낸 약을 받지 않겠다는 가난뱅이 가족의 거절에 함축된 배은망덕에 대해 범블이 장황하게 늘어놓는 대목에서는 한층 더 우울한 분위기가 도입된다. 우리는 여기서 작가의 어린 시절 구두약병에 대한 쓰라린 경험이 어땠을지 알아보고 싶은 유혹을 느끼게 된다.

'흰색 조끼를 입은 신사'가 재등장한다. 이 사람은 이름이 불리지도, 누구라는 설명이 나오지도 않는다는 점에 유의

---

* **낱말의 오용**(malapropism): 발음은 비슷하나 뜻은 전혀 다른 단어를 우습게 잘못 사용하는 것.

할 필요가 있다. 그는 하나의 목소리에 불과한 존재처럼 보인
다. 사건 전개에 참여하지 않으면서 전체적인 해설을 해주는,
개인이 아닌 코러스 성격의 인물이다. 게다가 신사 계급에 대
해 이야기하면서, 똑같은 말을 반복한다. 올리버 같은 악당들
은 교수형에 처해지기 위해 태어났으며, 그런 자들이 구원받
을 수 있는 유일한 길은 가혹한 신체적 징벌을 가하는 것이다.

　　6장은 서술 방식의 요약으로 시작된다. 그런 다음, 작가
는 빠르게 연결되는 중요하고도 애처로운 장면들을 보여주기
에 앞서, 노아 클레이폴과의 충돌은 '올리버의 장래 전망과 행
동에 중요한 변화'가 생기도록 간접적인 영향을 주게 될 것이
라고 독자의 주의를 환기시킨다. 이러한 귀띔은 대개의 경우
혹평을 받게 되는 부분이지만, 작가의 간섭에 최소한 관심을
기울일 필요는 있다.

　　줄거리 전개에서 디킨스는 뜻밖의 사건이나 우연의 일치
를 자유롭게 사용하고 있기 때문에 개연성이 약화된다. 줄거
리 전환은 우연한 사긴이 아닌 인물에게서 생겨나게 만드는
쪽이 예술적으로 더욱 효과적이다. 성격 변화에 의해 여기서
올리버 인생의 방향 전환이 결정된다는 것을 감지할 수 있다.

　　이제까지 올리버는 온갖 모욕적인 대우를 불평 한 마디
없이 꿋꿋하게 견뎠으며, 겸손하고 유순하게 행동했다. 그러
나 노아의 참을 수 없는 괴롭힘은 어머니에 대한 모욕으로 인
해 인내의 한계를 넘어서고 정신적 변화를 일으키게 만들면서

처음으로 저항하고, 무지막지한 매질도 참아낸다. "그는 그들의 조롱을 들으면서 경멸스러운 표정을 지었고, 매질을 당하면서도 비명 한 번 지르지 않았다. 그들이 산 채로 굽는 듯한 고통을 주었지만 끝까지 비명을 지르지 않을 수 있었던 것은 가슴속에서 벅차오르는 자긍심 덕분이었다."

자긍심에 대한 자각은 새로운 기분이 들게 하는 것이었고, 그러한 자긍심을 통해 박해자들로부터 도망치는 적극적 행동을 취할 결심을 하게 된다. 4장의 마지막 부분에서, 그 으스스한 잠자리로 가도록 명령 받은 올리버는 '새 여주인의 말에 유순하게 따랐다.' 7장이 끝나면서 우리는 올리버가 친구 딕에게 단호하게 말하는 것을 보게 된다. "난 도망칠 거야… 내 운명을 찾아 좀 멀리까지 떠나겠어. 그게 어딘지는 모르겠지만 말이야."

Chapters 8, 9

도주

정오 무렵 올리버는 구불구불한 길을 따라 마을에서 몇 마일 떨어진 곳까지 오게 된다. 이정표를 보니 런던까지는 100킬로가 넘는 거리다. 그는 안전한 곳이 있을 것 같은 런던을 향하기로 결심한다.

먹을 것도 돈도 없는 올리버는 엄청나게 고생을 한다. 용기가 생기면 구걸도 하고, 겨울 하늘 아래에서 노숙을 하기도 한다. 도망 7일째 되는 날, 그는 바넷이란 소읍에 도착한다. 쓰라린 발바닥과 배고픔을 달래면서 어떤 집의 문간 계단에 앉아 쉬고 있던 그는 이제까지 보아온 가운데 '가장 이상하게 생긴 녀석 중 하나'라고 할 수 있는 아이가 길 건너편에서 자신을 유심히 살피고 있는 모습을 보게 된다. 그 아이는 140센티 정도의 키에 지나치게 큰 성인용 코트를 걸치고 있다. 어색하기는 의상이나 어른 티를 내는 녀석의 거동이나 매일반이다.

소년은 올리버와 인사를 트고는 먹을 것과 마실 것을 준다. 선심을 쓴 녀석은 올리버에게 집 없는 도망자에게 공짜로 잘 곳을 제공하는, 런던의 '훌륭한 노신사'를 소개해 주겠다고 제안한다. 잭 도킨스라는 그 아이는 '날쌘 도저'라고 더 잘 알려져 있다. 올리버는 도킨스가 훌륭한 부류는 아닐 수 있다는 의심이 들긴 했으나, 그 수수께끼 같은 노신사의 호의를 얻을 수 있게 해주리라는 희망에서 동행하기로 한다.

해가 지자 날쌘 도저는 길을 안내해 런던으로 간다. 더럽고 무질서한

골목으로 접어든 소년들은 다 허물어져가는 건물 안으로 들어선다. 지저분한 주방에서는 '사악한 표정에 혐오스럽기까지 한' 빨간 머리의 늙수그레한 유태인 패긴이 음식을 만들고 있다. 그리고 너댓 명의 소년들이 어른처럼 담배를 피우면서 술을 마시고 있다. 그들은 올리버에게서 값나가는 것이라도 긁어낼 생각이지만 겉으로는 뭔가 도와주고 싶은 듯한 태도를 취한다. 올리버는 그들과 함께 음식을 먹고 뜨거운 차를 마신 후 긴장이 풀려 깊은 잠에 빠진다.

지친 나머지 다음날 늦게까지 잠을 자던 올리버는 비몽사몽간에 그 늙은 유태인이 마룻바닥의 비밀 장소에서 작은 상자를 꺼내는 것을 보게 된다. 패긴은 그 상자 안에 감춰둔 값비싼 내용물들을 흡족하게 살펴본다.

깊이 잠들어 있다고 생각했던 올리버가 지켜보고 있는 것을 알게 된 노인은 깜짝 놀라면서 그 물건들이 평생 모은 것이라고 다정하게 설명한다. 그는 올리버의 주의를 다른 곳으로 돌려놓고 재빠르게 상자를 숨겨버린다.

얼마 후, 날쌘 도저가 찰스 베이츠와 함께 들어온다. 베이츠는 뭐든, 혹은 아무 이유 없이 깔깔거리는 것으로 악명이 높다. 그들이 몇 가지 물품을 패긴에게 전한다. 일을 나갔다가 돌아온 것이다. 아침식사를 끝낸 그들은 이 '유쾌한 노신사'의 주머니로 소매치기 연습을 한다.

연습은 베시와 낸시라는 단정치 못한 여자애들의 등장으로 중단된다. 네 아이들이 나간 후, 패긴은 올리버에게 날쌘 도저를 본보기로 삼으라고 간곡히 권한 다음, 처음으로 소매치기 기술을 전수한다.

올리버가 날쌘 도저와 만나는 런던 북쪽의 소읍은 최초로 밝혀지는 구체적인 장소다. 이야기가 여기까지 진행되는 동안, 장소에 대해서는 모호한 상태였다. 그런데 지금부터는 대충 얼버무리던 배경은 뒤로 밀려나고 대도시 런던이라는 구체적인 환경에서 사건이 벌어지는 변화가 일어난다.

올리버가 악명 높은 패긴과 그의 패거리인 몇몇 소년들에게 소개되면서 우리는 서슴지 않고 남을 속이는 '유쾌한 노신사'의 내면을 직접 들여다볼 수 있게 된다. 패긴은 올리버가 지켜보고 있는 것을 알게 되자, 무심코 사악한 본성을 드러내지만 순식간에 정체를 숨긴다. 패긴이 사업에 잠재적 위협이 되던 자들 다섯이 교수형을 당한 것에 대해 만족스러워하는 모습은, 도둑들에게도 신사도와 의리가 있다고 여기는 일반인들의 오해를 풍자하는 것이다.

중년 남성처럼 행동하는 날쌘 도저와 나머지 소년들은 너저분하고 범죄에 찌든 삶에 의해 유년기와 청년기를 빼앗기고 늙은 것처럼 보인다. 낸시와 베시는 타락 유형이 같다는 것을 암시함으로써 하나로 묶어 묘사한다.

디킨스 작품에 등장하는 하류층 인물들의 말에는 도둑들의 은어가 풍부하게 나온다. 작가는 은어에 대해 친절하게 설명하지는 않지만, 애매함을 피하기 위해 그 의미를 자명하게 해놓거나 이야기 속에 미묘하게 끼워 넣는다. 따라서 '닦개'는 손수건이 분명하고, 올리버가 "터벅이는… 나간다는 말이 분명해"라며 그 의미를 추론하게 만든다.

Chapters 10, 11

 ## 도둑 누명을 쓰다

올리버는 여러 날을 그 유태인의 방에서 손수건에 싸인 목표물을 골라내거나, 때로는 호주머니에서 물건들을 꺼내는 흥미진진한 놀이를 하며 보낸다. 다른 두 소년은 빈손으로 돌아오면 저녁을 못 얻어먹거나 주먹질 당한다. 순진한 올리버는 유태인의 이러한 행동이 부지런함을 존중하기 때문일 것이라고 좋게 해석한다.

외출하지 못해 안달하던 올리버가 날쌘 도저와 베이츠와 함께 나가도 좋다는 허락을 받는다. 그는 처음에는 그 둘의 기이한 행동을 의아하게 여긴다. 그러나 그들은 한 신사가 헌책 노점에서 책을 읽느라 정신이 팔려 있는 것을 보고는 신속하게 미리 정해둔 대로 행동한다. 도저가 그 남자의 손수건을 훔쳐 베이츠에게 건네자 둘은 도망친다. 순식간에 드러난 새로운 사실에서 올리버는 런던에 도착한 이후 목격하게 되었던 모든 것이 무엇인가를 깨닫게 된다. 올리버도 무섭고 당혹스러워 도망치기 시작한다.

손수건이 사라졌다는 것을 알게 된 노신사는 도망치는 올리버를 도둑으로 단정하고, "도둑 잡아라!"를 외쳐댄다. 괘씸하게도 도저와 베이츠는 도둑 잡으라는 고함을 따라 외치면서 올리버를 쫓는다. 고함소리는 빠르게 주변으로 퍼져 나가고, 군중은 불운한 표적이 된 아이를 뒤쫓는다.

힘이 빠진 올리버는 뒤쫓던 군중 누군가가 내지른 주먹을 맞고 쓰러지고, 뒤늦게 나타난 경찰관에게 넘겨진다. 그는 동정하는 눈빛의 피해자 노인과 함께 경찰서로 떠밀려 간다. 도저와 베이츠는 모습을 감춘 뒤다.

올리버는 근처 경찰서의 유치장에 갇힌다. 읽던 책을 손에 들고 있는 노신사는 올리버의 죄를 확신하지 못한다. 그 소년에게는 뭔가 특별한 기분이 들게 만드는 구석 있었다. "저런 표정을 전에 어디서 봤더라?" 노신사는 생각에 잠긴다. 상당 시간 동안, 노신사는 알고 지내던 숱한 사람들의 얼굴에서 연관된 부분을 기억해내려고 애쓰지만 헛수고다. 과거 기억을 아무리 더듬어도 올리버와 닮았다고 할 수 있는 얼굴은 없다.

생각에 잠긴 노신사가 법정에 불려나가 보니, 올리버가 이미 지정석에 앉아 공포에 떨고 있다. 재판은 악명 높은 치안판사 팽이 진행한다. 그는 현재 그가 내린 판결 때문에 조사를 받아야 한다고 촉구하는 장문의 신문 연재 기사를 읽고 있는 중이라 기분이 매우 좋지 않은 상태다.

팽은 고소인(원고)인 브라운로를 위협하려 들지만 위축되지 않고 입장을 진술한다.

이름조차 말할 수 없을 정도로 주눅이 든 올리버를 측은하게 여긴 경관 하나가 피고의 이름이 톰 화이트라고 적당히 둘러대고, 올리버에게 던져지는 질문에 용케 답변을 대신해 준다. 소년은 분명 몸이 안 좋아보였지만, 가학적인 치안판사는 그를 부축하지 말도록 명령한다. 올리버는 정신을 잃고 쓰러지고, 팽은 3개월의 중노동형을 선고한다.

그 순간, 사람들을 헤치고 법정으로 들어온 헌책 노점 주인은 팽의 독기 어린 노기(怒氣)에도 아랑곳하지 않고 증언을 한다. 당시 상황을 모두 지켜본 그의 증언으로 올리버는 누명을 벗고 석방된다.

브라운로는 즉시 마차를 불러 기진맥진한 올리버를 데리고 그 자리를 떠난다.

올리버가 동료들이 브라운로의 주머니에서 소매치기하는 모습을 보게 되는 장면에서 우리는 전체 상황을 파악할 수 있다. 패긴 패거리에 합류한 이래 보았던 모든 것들이 비로소 아구가 맞아떨어지면서 그는 고약한 집단에 빠져들었다는 사실을 깨닫고 겁을 먹는다. 그가 그동안 너무도 명백한 사실들을 전혀 의심하지 않을 정도로 남을 믿고 순진하다는 사실은 의아스럽다.

이 범죄를 통해 작가는 인간 본성의 몇 가지 추악한 면을 조명한다. 군중을 선동해서 무고한 올리버를 추적하게 만드는 날쌘 도저와 베이츠의 기민함은 범죄자들 본연의 행실이 어떤 것인지를 보여주는 또 하나의 예다. 추격자들이 약해빠진 아이를 붙잡기 위해 희희낙락하며 포악하게 돌진하는 모습은, 비록 선의라고 할지라도 "인간의 가슴속 깊은 곳에는 뭔가를 사냥하고자 하는 열정이 존재한다"는 사실을 예증한다.

추격자들의 고함소리는 서둘러 추격에 동참하는 사람들의 격렬함을 반영하는 낱말들의 스타카토* 효과로 생생하게 묘사된다. 그리고 노인과 젊은이들이 하던 일을 집어던지고 추격의 전율을 맛보기 위해 나서는 소란스러운 장면은 매우

---

* **스타카토**(staccato): 음악 용어로 '음을 명확히 끊어서, 단음적(斷音的)으로'의 뜻.

박력 있는 두운(頭韻) 효과를 지닌 간결하고 유사한 어투를 통해 고조된다.

팽의 실제 모델이 있었다는 사실은 디킨스가 세부 묘사에 까지 신경을 썼다는 증거다. 작가는 그 밉살스러운 치안판사를 직접 살펴보려고 허가를 받아 재판을 참관하기도 했다. 마찬가지로, 사실적인 묘사를 위해서 〈니콜라스 니클비〉에서 폭로한 악질적인 사립학교의 환경에 대한 자료를 수집하려고 여행도 다닌 바 있다.

비록 올리버와 브라운로의 만남은 순전한 우연 같지만, 노신사가 소년에게 갖는 관심으로 미루어 보건대 분명히 뭔가 수수께끼가 존재한다는 것을 암시한다. 브라운로가 장시간 올리버와 자신이 알았던 누군가와의 연관성을 끄집어내려고 노력하는 모습 또한 단순한 호기심이라고 보기에는 지나치게 두드러진 부분이다.

Chapters 12, 13

 초상화

브라운로는 아픈 올리버를 펜튼빌 인근에 있는 자기 집으로 데려가 침대에 눕힌다. 며칠간 혼수상태에서 고열에 시달리던 올리버는 마침내 제정신이 들지만 심신이 쇠약한 상태다. 브라운로의 가정부 베드윈이 침대 곁에서 올리버를 간호한다. 의사가 다녀가고 약간의 음식을 먹고 난 소년은 그날 밤 편안한 휴식을 취한다.

건강이 회복되기 시작하자 가정부의 방으로 옮겨진 올리버는 야릇하게도 벽에 걸린 매력적인 여성의 초상화에 매료되어 '경외감에 사로잡힌 표정'으로 응시한다.

방으로 들어온 브라운로는 올리버의 처지에 측은한 마음이 드는 것을 모른 척할 수가 없다. 그러나 올리버가 치안판사에게 자기 이름이 톰 화이트라고 말했다는 것을 부인하자 거짓말을 한다는 의심이 들어 잠시 불쾌해 하다가 올리버의 가식 없는 표정에 다시 믿기로 한다.

올리버의 용모가 낯설지 않다는 느낌을 떨쳐버리지 못하던 노신사는 갑자기 감탄사를 던지며 벽에 걸린 초상화와 올리버의 얼굴을 번갈아 가리킨다. "이건 살아 있는 판박이로군." 올리버는 그 말에 놀라 기절하고 만다.

앞장서서 고함을 질러대며 올리버를 뒤쫓았던 날쌘 도저와 베이츠는 조심스럽게 빠져나와 에움길을 이용해 패긴의 거처로 돌아온다. 유태인은 계단을 올라오는 발자국 소리를 듣고 두 사람뿐이라는 것을 이미 알고 있다.

올리버가 없는 것에 격분한 패긴이 베이츠에게 잔에 든 맥주를 끼얹는 순간, 또 다른 사람이 방문을 들어서다가 얼굴에 맥주를 뒤집어쓴다. 대략 35세 정도의 강건하고 단정치 못한 차림새의 악한 빌 사이크스이다. 그의 뒤에는 주인만큼이나 불쾌하게 생겨먹은 잡종개가 따라온다. 사이크스가 패긴을 몹시 나무라자 두려워하는 기색이 역력하다.

날쌘 도저는 올리버의 불운을 적당히 둘러댄다. 올리버가 그곳에 모인 자들 모두에게 위협적인 존재가 될 수 있으리란 것은 분명하다. 그들은 누군가가 경찰서를 찾아가 올리버의 근황을 알아보고, 가능하다면 녀석이 패긴 패거리를 배신했는지 확인할 필요가 있다는 데 동의한다. 모두들 인근에 얼굴이 알려져 있는 데다가 경찰서라면 질색이기 때문에 나서는 사람이 없다.

베시와 낸시가 들어오면서 해결책이 보인다. 베시가 그 일을 완강히 거부하자 비교적 신참이어서 얼굴이 잘 알려지지 않은 낸시에게 모두의 시선이 쏠린다. 낸시는 마지못해 응하면서도 기분 좋게 그 일을 알아보러 경찰서로 향한다.

올리버의 누이로 가장하고 한 경관으로부터 그곳에서 일어났던 일과 대략적인 브라운로의 거처를 알아낸 낸시는 서둘러 은신처로 돌아온다. 사이크스는 말 한 마디 없이 자리를 뜬다. 패긴은 매우 불안해 하며, 패거리의 젊은 간부들에게 전력을 기울여 올리버를 찾아 잡아 오라고 명령한 다음, 보물들을 그러모아 다른 은신처로 옮겨놓을 준비를 한다.

　　수감 위기를 넘긴 올리버는 안전한 곳에 있게 되고, 그의 운도 상승세를 타는 것처럼 보인다. 소년은 패긴의 납치 지시를 전혀 모르기 때문에 위험을 감지하지 못하고 있다.

　　올리버가 젊은 숙녀의 초상화에서 느끼는 매력은 소년의 용모가 브라운로에게 작용하는 효과와 흡사한 수수께끼를 만들어낸다. 노신사가 초상화와 소년 사이에서 닮은 점을 발견하면서 긴장감이 절정에 달한다. 브라운로와 올리버의 인생이 어떤 식으로로건 연관되어 있으리란 점에 대해서는 의심의 여지가 없다.

　　작가는 날쌘 도저와 베이츠가 자신들의 안전을 위해 동료를 희생시켰던 사실을 자가방어적 본능 법칙의 훌륭한 예로 들고 있다. 약간 주제를 벗어난 그는 모든 '따스한 마음씨나 관대함을 보이려는 충동과 느낌'은 부인하면서 실용적인 이기심의 원칙에 대해 설파하는 사상가들을 조롱한다.

　　장면은 다시 도둑들의 소굴로 바뀌고, 몇 가지 결정적인 관계의 윤곽이 간파된다. 사이크스는 패긴을 전혀 두려워하지 않고, 그를 괴롭히는 데서 냉소적인 기쁨을 맛본다. 그리고 패긴은 앙갚음을 하기는커녕 그가 두려워 분노를 억누른다. 사이크스는 낸시를 높이 평가하며, 그녀에 대해 상당한 권한이 있다는 것을 당연시한다.

Chapters 14-16

 시험

초상화가 없어진 것을 보고 올리버가 실망하자 베드윈은 그가 흥분하지 않도록 하기 위해 치웠노라고 말한다. 올리버는 난생 처음 깨끗하고 조용하고 정돈된 환경에서 행복한 나날을 보낸다. 브라운로는 올리버에게 양복을 한 벌 마련해 주고, 입고 있던 누더기는 모두 버린다.

어느 날 저녁, 브라운로는 올리버를 서재로 불러 지난 이야기를 사실대로 털어놓으라고 한다. 올리버가 막 이야기를 시작하려는 순간, 브라운로의 친구 그림위그가 방문하면서 중단된다. 이 신사는 요란하고 허풍스럽다. 뭔가 특별한 것을 보면 "내 손에 장을 지지겠다"고 고함을 지르거나 때로는 묵직한 단장을 쿵 내려찧기도 한다.

올리버와의 면담은 다음날로 미뤄진다. 그림위그는 소년을 호의적으로 여기는 브라운로의 생각을 뒤집으려 들지만 헛수고다.

브라운로가 소매치기를 당했던 서점으로부터 책 꾸러미가 도착한다. 브라운로는 책값과 함께 몇 권은 되돌려 보내려고 심부름꾼을 찾지만 이미 떠난 뒤다. 브라운로는 올리버에게 그 심부름을 시켜 정직성을 시험해 보자는 그림위그의 의견에 동의한다. 그림위그는 '새 양복 한 벌에 값비싼 서적들을 옆구리에 끼고, 주머니에 5파운드짜리 지폐가 들어 있는' 올리버가 돌아오지 않고 도둑 무리에 다시 합류할 것이라고 주장한다.

올리버는 20분 후에 돌아오기로 되어 있었고, 두 친구는 브라운로의 회중시계를 지켜보며 앉아 있다. 날이 어두워져 시계의 문자판이 보이지 않을 때까지도 기다림은 계속된다.

빌 사이크스는 햇빛이라고는 들어온 적이 없는 지저분한 선술집 방안에 끔찍하게 생긴 개와 함께 있다. 주인과 짐승 사이의 소란은 패긴의 등장으로 중단된다. 사이크스는 "내가 잡혀가면 네놈도 끝장이야"라고 위협하며, 이 유태인의 안전이 자신의 보호 여하에 달려 있다는 점을 상기시킨다. 패긴은 훔친 물건을 녹이게 하고, 사이크스의 몫을 동전으로 지불한다.

사이크스는 음식과 마실 것을 들여온 젊은 유태인 급사로부터 낸시가 와 있다는 말을 듣고는 부르라고 한다. 얼마 후, 낸시와 사이크스가 함께 그곳을 떠난다.

한편, 올리버는 흡족한 기분으로 헌책 노점을 향해 길을 재촉한다. 샛길을 절반 정도 걸어 내려간 올리버가 길을 잘못 들었다는 것을 깨닫는 순간, 갑자기 처녀 하나가 비명을 지르며 목을 껴안는다. "세상에, 내 동생이." 낸시는 행인들에게 가출한 동생이 나쁜 길로 빠졌다고 외쳐댄다. 사이크스와 개가 맥주집에서 뛰쳐나와 동참한다. 사이크스가 올리버의 책을 빼앗아 머리통을 후려치는 동안 구경꾼들은 잘한다고 소리를 질러댄다. 순식간에 제압 당한 소년은 두 사람에게 무력하게 끌려간다.

이런 일이 벌어지고 있는 동안, 베드윈은 초조하게 올리버를 기다리고, 두 신사 역시 어두운 거실 안에서 긴장을 늦추지 않고 있다.

올리버는 낸시와 사이크스 사이에 붙잡힌 채 끌려간다. 사이크스는 올리버가 도움을 청하는 소리를 지르면 불스아이가 물어뜯을 것이라고 겁을 준다. 그날 밤은 올리버가 어디로 끌려가고 있는지 전혀 알 수 없을 정도로 어둠과 안개가 짙다. 교회 종이 여덟 번 울리자 낸시는 그 시각 교수대로 향하게 되어 있는 죄수들을 동정하는 말을 한다.

세 사람은 좁다란 골목에 있는 허름한 집 앞에 멈춰 선다. 복잡한 확인 절차를 거쳐 날쌘 도저가 문을 열고 그들을 들어오게 한다. 패긴과 베이츠는 훌륭한 차림새의 올리버를 조롱과 야유로 맞이하고, 날쌘 도저는 올리버의 주머니를 뒤진다. 패긴과 사이크스는 5파운드짜리 지폐를 차지하려고 옥신각신하지만, 사이크스 차지가 된다.

올리버는 책을 브라운로에게 돌려주라고 간청한다. 그들이 서적절도죄를 뒤집어씌우려 한다는 사실을 기분 좋게 인정하자, 올리버는 미친 듯이 탈출을 시도한다. 낸시는 올리버가 사나운 개에게 공격당하지 않도록 문을 쾅 닫아버린다. 패긴이 다시 붙잡혀온 소년을 매질하기 시작하자 낸시가 몽둥이를 빼앗아 난로 속에 던진다.

흥분한 낸시는 유태인을 향해 거친 비난을 퍼부으면서 만약 아이에게 해를 끼친다면, 자기가 보복을 하고 기꺼이 교수형 당하겠다고 열에 받쳐 단언한다. 낸시는 고함을 질러대며 자신을 망쳐놓은 데 대해 분풀이를 한다. 사이크스조차 낸시의 분노를 저지할 수 없다. 낸시는 패긴에게 달려들다가 사이크스가 팔목을 잡자 기절한다.

올리버는 새 옷을 빼앗기고 전에 입었던 누더기를 다시 걸친다. 패긴은 헌옷 장수의 손에 들어간 그 낡은 옷가지를 보고 아이가 있는 곳의 단서를 얻었던 것이다. 올리버는 자물쇠가 잠긴 방 안에 갇혀 잠이 든다.

올리버가 살아온 내력을 브라운로에게 이야기할 기회를 가져보기도 전에 패긴의 손아귀에 다시 들어오게 된 것은 일

련의 우연한 사건들 때문이다. 첫째, 올리버가 말문을 열기도 전에 그림위그가 갑자기 찾아온다. '운명이라는 게 늘 그렇듯' 헌책 노점상 주인이 부리는 배달 소년이 책을 가지고 왔으나 브라운로가 심부름을 시키기 전에 가버린다. 헌책 노점으로 향하는 길에 올리버는 길을 잘못 들어 패긴의 앞잡이들 손에 잡힌다. 그러나 이러한 우연들의 개연성이 심하게 떨어지지 않다는 점은 인정해야 한다. 악행에 이골이 난 자들이 부주의한 소년을 잡기 위해 그물을 쳐놓고 기다리는 데 뾰족한 수가 있겠는가.

그림위그는 독특한 개성을 지닌 또 하나의 조연급 인물이다. 그는 범블보다 사회적·지적 수준이 높기 때문에 범블의 우스꽝스러운 실수와는 대조적으로 그의 언어적 기벽은 분명 의도적이다. 디킨스는 그림위그에 대해 알고 있는 것을 독자들에게 직접 털어놓는 작가로서의 특권을 행사한다. 이처럼 인물의 가장 내면에 자리한 생각과 느낌까지 밝혀낼 수 있는 작가 전지적 시각은 군소 등장인물을 드러내는 효율적인 방법이다.

가장 설득력을 갖는 인물 묘사는 줄거리와 함께 점진적으로 전개시키는 방식이다. 작가의 근거 없는 주장보다는 그 인물의 언행과 그에 대한 다른 인물들의 언급과 같은 장치들을 통해 저절로 드러내는 것이다. 우리는 몇몇 경우에 사이크스가 낸시에 대해 호의적으로 말하는 장면에서 깊은 인상을 받게 된다. 왜냐하면, 그는 남을 절대 좋게 말하지 않을 것처럼 보이는 짐승 같은 자이기 때문이다. 낸시가 올리버를 납치하는 냉혹한 짓을 하는 동안에도 마지막 밤을 보내는 사형수들에게 연민의 정을 표현하는 모습은 그녀가 불행한 사람들에게 동정심을 가지고 있다는 증거다. 이러한 면은 유태인이 올리버를 학대하려고 할 때 겁내지 않고 막아준 것에서 확인되기도 한다.

범죄자들은 두려울 것 없는 모험적인 삶은커녕 공포와 위태로움이라는 음침한 장막 아래에서 살아간다. 당국에 체포될 위험은 그들끼리 서로 해를 끼치지 않을까, 하는 염려에 비하면 그리 대단한 것도 아니다. 패긴은 사형집행인 앞에 서는 것이 아닌, 자신을 그들 앞에 서게 만들 수 있는 자들에게 주눅이 들어 있다. 사이크스는 목숨을 잃는 상황이 된다면 언제든 늙은 동업자를 배신할 준비가 되어 있음을 패긴에게 분명하게 밝히고 있다. 늙은 유태인에게 올리버가 매질당하는 것을 막기 위해 낸시가 충동적으로 내지른 말은 매질을 멈추지 않으면, 그곳에 있는 범죄자들을 몽땅 밀고해서 함께 기꺼이 교수대에 매달리겠다는 것이었다. 그런데도 낸시가 의리와 신뢰가 있는 것으로 알려져 있는 것을 보면 그들 모두가 어느 정도로 서로를 불신하고 의심하는지 알 수 있다.

Chapter 17

　모함

　　작가는 연극 무대에서와 마찬가지로 인생에서도 비극과 희극이 꼬리를 물고 일어나는 현상에 대해 이야기한다. 마찬가지로 소설 속에서 시간과 공간이 갑작스럽게 바뀌는 것을 예상할 수 있다. 여기서는 시간과 장소가 올리버의 출생지로 바뀌기 위한 전조로써 나타난다.

　　범블은 뭔가 해야 할 일이 있다는 한껏 부푼 기분으로 거리를 걷고 있다. 그는 만 부인의 보육원에 들러 빈민 두 명을 다른 시설로 옮기는 문제와 관련하여 법정에 출두해야 하기 때문에 그들을 런던으로 데려갈 예정이라고 알린다. 만 부인은 자기가 맡고 있는 빈민들은 성질 고약한 꼬마 딕을 제외하면 아무 문제 없다고 분명히 말한다.

　　범블이 그 아이를 보고 싶다고 해서 꼬마 딕은 '이 위엄 넘치는 분 앞으로 인도되어' 온다. 소년은 '노인처럼 쇠약해진' 처참한 상태다. 막강한 권력을 지닌 교구 직원은 딕에게 원하는 것이 있으면 청하라고 말한다.

　　천진난만한 아이는 자기가 죽기 전에 누군가가 올리버 트위스트에게 좋아한다는 말과 잘 지내기를 바란다는 말을 편지로 써줬으면 한다고 말한다. 그 말에 범블이 분개한다. 그 걸출하신 위원회와 관련된 사안이기 때문이다. "그 뻔뻔하기 짝이 없는 올리버 녀석이 위원회 분들의 사기를 꺾어놓고 있구먼!" 그 이단자는 즉시 지하 석탄저장소로 끌려가 감금된다.

　　런던에 도착한 범블은 여관에서 저녁식사를 끝내고 신문을 본다. 맨 처음 눈에 띈 것은 올리버 트위스트의 소식을 알려주는 사람에게 5기니를 주겠다는 브라운로의 광고였다. 그로부터 얼마 지나지 않아 이 교구 직원은 펜튼빌 저택에 당도한다.

그림위그와 함께 있는 브라운로에게 안내된 범블은 올리버 이야기를 들려달라는 요청을 받고는 서류까지 내보이며 올리버의 천한 태생과 악행에 대해 장황하게 늘어놓는다.

브라운로는 범블의 말을 그대로 믿고는 깊은 상처를 받는다. 그는 약속했던 돈을 주고, 베드윈을 불러 집 안에서 다시는 올리버란 이름을 입에 올리지 말도록 금한다. 그러나 총명한 가정부는 올리버가 아주 착한 아이라는 확신을 버리지 않는다.

외롭게 갇혀 있는 올리버는 그날 밤 브라운로의 집에 깃든 슬픔을 알게 되는 고통에서는 벗어나 있게 된다.

장면 전환을 위한 이 장은 현재 사건의 주 무대인 런던과 올리버가 처음 몇 년간 불행한 나날을 보냈던 소읍 사이의 관계를 유지시키는 역할을 한다. 범블의 악의적인 이야기로 올리버의 앞날은 더욱 암울해진다. 현재로서는 그를 구출하는 데 관심을 가진 사람이 전혀 없는 것처럼 보이기 때문이다. 어쩌면 브라운로는 지나치게 남을 잘 믿는 사람일 수도 있지만, 애초에 올리버를 믿게 만든 것 역시 그런 천성이다.

교구 직원은 계속해서 말을 엉망으로 해대며, "모든 공직자들은… 형사고발을 당해야 한다니까"라고 불평하는 대목에서는 뚜렷한 풍자를 맛볼 수 있다. 그러나 "비가 내리면 우리는 병든 빈민들이 감기에 걸리지 않도록 지붕 없는 마차에 태우지요"라고 설명하는 대목에서는 디킨스의 풍자가 너무 지나쳐서 그 효과가 떨어진다. 설사 교구 직원의 입에서 나온 말이지만 너무 심해서 믿지 못할 정도다.

Chapters 18, 19

음모

올리버가 도둑 소굴로 다시 끌려온 다음날, 패긴이 배은망덕하다고 나무라면서 그런 자는 배신당해 사형집행인의 손에 넘어갈 수밖에 없을지도 모른다고 단언한다. 이른 아침부터 밤늦게까지 혼자 갇혀 있는 올리버는 패긴이 설파한 주제를 곰곰이 생각해 볼 시간이 충분하다.

약 일주일 후, 올리버는 모두들 외출하면 마음대로 집을 써도 좋다는 허락을 받는다. 올리버는 과거의 우아한 자취가 남아 있긴 해도 모든 것이 무관심과 부식으로 퇴락해가는 우중충한 방들을 둘러본다. 모든 창문이 셔터로 단단히 막혀 있지만, 쇠창살이 대어진 다락방의 창문만은 예외다. 소년은 사방이 탁 트인 위치에서 주변의 추악한 풍경을 훑어본다.

어느 날 오후, 베이츠와 날쌘 도저가 집 안에 남는다. 도저는 자기 구두를 올리버에게 닦게 하고, 그동안 올리버가 그들의 '생업'에 이름을 올리지 않는다고 나무란다. 수줍은 소년은 "난 그게 싫고요… 난- 난- 떠나고 싶어요"라며 난색을 표명하면서도 너무 솔직하면 위험하다는 것을 깨닫는다. 베이츠는 패긴이 올리버의 생각을 탐탁해 하지 않는다는 점을 지적한다.

올리버는 동료란 인간들이 범죄를 저질러놓고 다른 사람이 고통을 받도록 내버리고 갔다는 일을 말하지 않을 수 없다. 두 사람은 살아남으려면 상황을 제대로 이용하는 것이 현명한 행동이라고 냉랭하게 설명하고,

"

올리버가 결국에는 패긴에게 굴복하게 될 것이므로 그냥 복종하고 비위를 맞추는 것이 좋다고 충고한다.

그 순간 들어오다가 마지막 말을 듣게 된 패긴은 그 말이 전적으로 옳다고 인정한다. 유태인과 함께 베시와 초라한 몰골의 톰 치틀링이 들어온다. 치틀링은 6주간의 형기를 끝내고 막 석방되었다. 그동안 그는 갈증으로 엄청나게 괴로웠다고 한다.

올리버를 이해시키기 위해 대화는 다시 그들이 들어오기 전의 주제로 되돌아간다. '날쌘 도저의 능숙한 기술과 찰스 베이츠의 상냥함, 그리고 유태인 자신의 공평무사함이 이 생업의 큰 장점'이라는 이야기다.

올리버의 독방 감금이 끝나고, 이제부터는 누군가가 항상 올리버와 붙어 있게 된다. 유태인은 재미난 농담을 섞어가며 범죄 무용담을 들려준다. 외로워서 마음이 약해진 올리버는 이 늙은 악당의 감언이설에 속아 넘어가고 있다.

궂고 축축한 밤에 유태인은 은신처를 벗어나 망설임 없이 미로처럼 나 있는 지저분한 거리를 지나간다. 불쾌한 주변 환경이 그와 잘 어울린다.

사이크스의 거처에 당도해 보니 낸시도 있다. 패긴이 그곳에서 권한 브랜디를 주저하며 마시지 않자 술에 독이 들어 있지 않다는 것을 보여주기 위해 사이크스가 마셔버린다.

노인은 처시에서 한 군데를 털자는 제안을 받고 의논하러 온 참이다. 사이크스는 그 일이 성공할 수 없다고 우긴다. 여러 주 동안 재주 많은 토비 크래킷이 목표로 삼은 집의 하인들을 구워삶기 위해 노력을 쏟았지만 허사였다는 것이다. 예기치 못했던 장애에 동업자들은 기가 꺾인다.

사이크스는 계략이 하나 있다면서도, 패긴의 이중성 때문에 털어놓지 않으려 든다. 이 일에는 덩치 작은 사내아이가 반드시 필요하다. 패긴은 낸시를 방에서 내보내려 들지만, 그녀는 이 유태인이 올리버를 염두에 두고 있다는 것을 예상하고 있던 터라 꿈쩍하지 않는다. 사이크스가 어정쩡한 태도를 취하자, 낸시는 올리버를 쓰라고 권한다.

패긴은 그 이점에 대해 열심히 설명한다. 만약 올리버가 범죄에 연루되면 체념하고 무법자의 삶을 받아들일 것이고, 패거리 전체에 치명적 타격을 줄 수 있는 탈출의 위험성도 없어지게 될 것이며, 이렇게 잡아 앉히는 것이 제거보다 훨씬 더 좋은 방법이란 것이다.

그 도둑질은 이틀 후로 계획이 잡힌다. 내일 밤 낸시가 올리버를 사이크스에게 데려오면 전적으로 그가 맡기로 정해진다. 집주인이 실컷 퍼마시고 정신을 놓자 모임이 파한다.

낸시가 올리버를 지나치게 감싸고돌긴 해도 믿을 만하다는 데 만족한 유태인이 그 집을 나선다. 거처로 돌아온 패긴은 당장 올리버에게 그 이야기를 할 생각이었지만, 아이가 지쳐 잠든 모습을 보고는 그만둔다.

: 풀어보기

이 부분은 올리버를 심각한 위험에 처하게 만들고 있다. 그는 스스로 난국을 헤쳐 나갈 힘이나 수단을 갖고 있지 못하며, 외부로부터 도움을 기대할 수도 없는 처지다. 패긴은 신체적 속박과 심리적 협박으로 소년을 길들여 도구로 만들 수 있다는 것을 안다. 올리버의 고분고분한 성향은 이 일방적인 싸움에서 불리하게 작용한다.

우선 패긴은 올리버에게 명령에 따르지 않으면 교수형 밧줄을 목에 둘러쓰게 될 것이라고 생생하게 설명하는 식으로 공포심을 자극한다. 한동안 독방에 갇혀 지내면 시키는 일에 고분고분 따르게 되어 있는 법. 그런 다음, 법을 어겼을 때의 결과에 대해서는 일체 밝히지 않은 채 도둑 인생을 극구 찬양하는 교육을 받게 되면서 세뇌 과정이 계획했던 목표에 근접하고 있다. 환경이 바뀌지 않는다면 올리버는 굴복하게 될 것이다.

올리버를 죄악의 수렁에 빠뜨릴 기회가 구체화되고 있다. 낸시는 올리버에게 호의를 갖고 있지만 집을 터는 일에 이용되는 것은 반대하지 않는다. 비록 상냥한 아이 하나가 악의 길로 빠져드는 것이 괴롭지만 자연스러운 일로 보는 것이다. 주변 환경으로 인해 형성된 인생관을 받아들이고, 그 '일'을 생계수단으로 여기기 때문이다.

Chapters 20-22

 올리버, 도둑질의 도구가…

다음날 아침, 잠에서 깨어난 올리버는 침대 곁에 새 구두 한 켤레가 놓여 있는 것을 발견한다. 패긴은 곧 올리버에게 빌 사이크스 밑에서 일해야 한다는 사실을 알린다. 예측할 수 없는 삶에 익숙해져 있는 올리버는 별반 호기심을 느끼지 않는다. 저녁이 되어 길을 나서기에 앞서 유태인은 올리버에게 사이크스는 인정사정없는 인간이므로 무조건 복종해야 한다고 단단히 이른다.

올리버는 유태인에게서 받은 책을 읽는다. 악명 높은 범죄자들의 삶이 가득 담긴 끔찍한 내용이 담긴 책으로, 읽다보면 겁을 먹고 그런 사악한 삶을 살지 않도록 구해 달라고 마음속으로 열렬히 기도할 정도다.

낸시가 와서 올리버를 데려간다. 낸시는 눈에 띄게 걱정스러운 표정이다. 뭔가 안 좋은 일이 일어나리란 것을 감지한 올리버는 낸시의 '양심을 어느 정도 움직일 수 있다'는 것을 알기 때문에 도와달라고 호소해 볼까, 생각한다. 그러나 잠시 망설인 끝에 비교적 이른 시간이므로 거리에 도움을 청할 행인들이 있을 것이라고 판단한다.

낸시는 나름대로 올리버가 무슨 생각을 하는지 간파하고 있다. 따라서 올리버를 도우려고 애써왔지만, 이번에는 도리가 없다고 솔직하게 인정한다. 그를 감싸주려다가 이미 혼이 난 터이고, 만약 도움을 청하려고 소리를 지른다면 두 사람 모두 더 큰 해를 입게 될 것이라는 말도 한다.

낸시는 올리버의 손을 잡고는 서둘러 밖으로 끌어내어 마차에 탄다. 두 사람이 사이크스의 거처 앞에 이르렀을 때, 올리버는 순간적으로 소리를 질러 도움을 청하고 싶었지만 낸시를 위해 그만둔다.

사이크스가 올리버에게 함께 밖에 있는 동안 시키지도 않은 말을 지껄이면 머리통을 쏘아버리겠다고 손짓발짓을 해가며 알아듣지 못할 말로 이야기하자, 낸시가 통역한다.

빌과 올리버는 잠이 들었지만, 낸시는 깨어 있다. 잠들기 전 그리고 다음날 아침에 일어났을 때, 올리버는 낸시의 얼굴에서 뭔가를 저질러도 좋다는 기색이 있는지 살피지만, 초연한 모습이다. 그녀는 동트기 전에 사람들을 깨워 함께 집을 나선다.

그날 아침은 축축하고 바람이 분다. 온통 정적에 싸여 있던 도시는 점점 활기를 띠어가고 있다. 올리버는 스미스필드에서 들려오는 떠들썩한 소리에 놀란다. 장날이었던 것. '씻지도 않고 면도도 하지 않은 궁상스럽고 지저분한 사람들'이 밀치며 떼거리로 밀려들고 있다.

사이크스와 올리버는 런던을 가로질러 서쪽으로 길을 재촉한다. 마차를 얻어 타고는 계속 교외를 지나쳐가자 올리버는 궁금해지기 시작한다. 올리버가 호기심에서 말을 하지 않도록 사이크스는 수시로 장전된 권총이 든 호주머니를 가리킨다.

마차에서 내려 계속 길을 가던 그들은 햄프턴 인근의 들판에 숨어 있다가 읍내로 들어가 허름한 선술집에서 저녁을 먹는다. 술집 손님 하나가 마차로 그들을 좀더 멀리까지 태워다준다. 그날 밤은 아주 어둡고 춥다. 그들은 걸어서 세퍼튼을 통과해 마침내 개울가 근처의 버려진 듯한 낡은 집에 당도해 안으로 들어간다.

바니가 그들을 맞이한다. 그를 마지막 본 것은 새프론 힐 식당에서 웨이터를 할 때다. 안에서는 상당히 번지르르한 차림의 토비 크래킷을 만난다. 음식이 나오고, 올리버에게 강제로 포도주 반잔을 마시게 한 사내들은 편안한 자세로 잠시 눈을 붙인다.

한 시 반이 되자 모두들 자리에서 일어난다. 바니는 토비와 빌의 준비를 돕는다. 그들은 올리버를 사이에 낀 채, 춥고 안개 낀 어둠 속으로 나선다. 다리를 하나 건넌 일행이 곧장 처시를 통과하고, 돌담 하나를 기어올라 조심스럽게 어떤 집에 접근한다.

갑자기 사건의 추이를 알게 된 올리버는 '슬픔과 공포로 거의 미칠 지경'이 되고 기절하기 직전이다. 침묵을 깨며 놓아달라고 간청하자 사이크스가 권총 노리쇠를 젖히지만, 토비가 말리면서 흥분한 소년을 진정시킨다.

사이크스는 집 뒤편의 좁다란 창문에서 능숙하게 셔터와 격자를 떼어낸다. 올리버는 안으로 들어가 길가쪽 문의 자물쇠를 열라는 지시를 받는다. 그들은 올리버를 들어 올려 집 안으로 들여보낸다. 올리버는 위험을 무릅쓰고서라도 계단을 뛰어올라가 사람들을 깨워 위급상황을 알리기로 마음먹는다.

사이크스가 올리버의 목덜미를 잡았던 손을 놓고는 순간 큰소리로 외친다. "돌아와!" 올리버는 계단 꼭대기에 서 있는 두 사람의 모습을 보게 되고, '섬광-굉음-연기-뭔가 깨지는 소리'에 압도된다. 사이크스는 총을 쏘며 집 안에서 올리버를 끌어낸다.

두 도둑이 피 흘리는 아이를 데리고 도망치면서 그곳은 아수라장이 된다. 그들이 재빨리 달아나는 사이 올리버는 정신을 잃는다.

사이크스와 올리버가 런던 시내를 거쳐 서쪽 외곽 지역으로 향하는 여정은 눈앞에 펼쳐지듯 상세하게 그려진다. 이 부분이야말로 디킨스의 작품에서만 볼 수 있는 다양하고 활기찬 대도시의 분주함이 뛰어나게 묘사된 표본이랄 수 있다. 폭풍이 일던 날, 어른 둘과 아이 하나가 어스름한 새벽에 길을 나선다. 범행은 안개가 끼고 칠흑 같은 밤에 이루어진다. 이 작품에서 대부분의 중요한 사건은 밤에 일어나고, 분위기에 걸맞게 모두 칠흑처럼 어둡고 춥거나 궂은 날씨다.

올리버는 사람을 잘 믿고 순진하다는 증거를 다시 한 번 보여준다. 세뇌 교육에도 불구하고, 나쁜 짓을 하려고 사이크스에게 보내지는 것이 아니라고 짐작하고 있다. 목적지에 가까워지면서는 자기를 죽이려는 것이 아닐까, 하는 공포감에 흥분했다가 일행이 돌담을 기어 넘어가서야 뭔가 끔찍한 범죄에 말려들고 있다는 사실을 알아차린다. 뒤늦게 사태를 깨닫게 되는 상황은 브라운로를 상대로 소매치기를 할 때와 대단히 흡사하다. 그 사건 이후로도 여전히 그들의 실체를 제대로 알지 못하고 있는 것이다.

올리버가 범죄자들에 의해 타락하지 않았다는 것은 여러 부분에서 확인을 할 수 있다. 패긴이 준 범죄자 책은 오히려 악의 길에 대한 혐오감만 강하게 심어준다. 그는 표적이 된 집안 사람들을 깨우겠다는 결심을 통해 타의적인 범행에서 책임을 벗어난다.

낸시는 올리버로 인해 극심한 갈등을 겪고 있다. 낸시가 올리버를 구하려 하지 않는 것은 두려움 때문이다. 비록 자신은 무법자 생활을 체념하고 받아들인다 하더라도, 또 다른 인간을 파멸의 길로 빠뜨려야 한다는 사실에 가책을 느끼며 주저하다가 파국이 이어진다. 인생과 운명이 위태롭게 균형을 유지하는 가운데 올리버의 상황은 정점을 향한다.

Chapters 23, 24

 **샐리의 죽음**

'황량하고 어둡고 뼈를 파고들듯 추운' 그 밤은 '집 없고 굶주린 불행한 자들이 쓰러져 죽어가는' 때다. 그러나 올리버가 태어났던 구빈원에서는 감독인 코니 부인이 맛있는 차를 즐기려고 준비하다가 '빈민들에게 우호적이지 못한 날씨'를 피하려는 사람이 도착하면서 방해를 받는다.

방문자인 범블은 빈민들의 배은망덕은 언제나 '설화(雪花) 석고만큼이나 뻔뻔하다'며, 그들이 더 큰 요구를 하게 만드는 궂은 날씨에 대고 욕설을 퍼붓고 있다. 그녀는 직접 자선의 효과에 대한 그의 뛰어난 식견에 존경을 표한다. "시설 밖에 있는 가난뱅이 구제의 가장 훌륭한 원칙은 정확히 그들이 원치 않는 것을 해줘 지쳐서 찾아오지 못하게 만드는 것이죠."

떠나려는 교구 직원에게 코니가 수줍게 차를 마시자고 청하자 그는 얼씨구나 하고 받아들인다. 이런저런 가벼운 농담을 주고받던 범블은 온갖 술수를 동원해 원탁을 한 바퀴 돌아 의자를 코니 옆자리로 끌고 가서 키스를 하고는 한쪽 팔로 허리를 감싸 안는다.

이들의 애정 행각은 노파 거지가 나타나면서 산산조각 난다. 죽어가는 거지 샐리가 여감독에게 전할 말이 있다고 하니 함께 가자는 것이다. 코니는 범블에게 기다리라고 부탁하고는 잔뜩 짜증을 내면서 여인을 따라간다.

혼자 남아 방 안의 물건들을 살펴보는 교구 직원은 마음속으로 가구의 재고 목록이라도 작성하고 있는 듯이 보일 정도다.

죽어가는 노파는 거의 혼수상태로 다락방에 누워 있다. 인내심이 다한 여감독이 막 돌아서서 나오려는 참에 환자가 일어나 앉아 간병인들을 내보내달라고 청한다.

빠르게 힘이 빠져나가는 환자는 두서없이 이야기를 시작한다. 여러 해 전 바로 이 방에서 아기를 낳고 죽은 예쁜 여자를 돌본 적이 있다. 아기 엄마가 죽기 전에 금붙이를 하나 맡겼는데, '사람들이 그 사실을 알게 되면,' 태어난 아이가 좀더 나은 대접을 받게 되리란 것을 알면서도 가로채고 말았다. 젊은 여자는 숨을 거두기 직전, 만약 아기가 살아남는다면 언젠가는 그 물건으로 인해 어머니를 부끄럽게 여기지 않을 수도 있다고 말했다는 것이다.

"아이는 올리버라고 불렀고… 내가 가로챈 금붙이는…" 또 다시 죽음이 산 자의 비밀을 지켜낸다. 감독은 밝히고 말고 할 것이 아무것도 없다는 말을 내뱉으며 무심하게 그 방을 나간다.

이 부분에서는 죽음이 빈곤과 불행의 파괴적 동반자임이 입증된다. 죽음은 그것에 노출되는 사람들의 마음을 무감각하고 무정하게 만든다. 거리에서 굶어 죽겠다는 위협을 실행에 옮긴 사내에 대해 범블이 내놓은 의견이 전형적인 예다. "정말 고집쟁이 거지로군!" 샐리 노파가 '쉽게 죽지 않는다'는 이야기를 전해 들은 코니는 얼른 죽어버리지 않아 야기되는 불

편에 짜증스럽다는 반응을 나타내고, 이내 분노로 바뀐다. 약
종상의 도제는 생명이 끊어지는 것을 하도 많이 목격한 까닭
에 이제는 지루하게 여길 정도다. 가난뱅이들은 자신들 가운데
누군가의 목숨이 스러져가는 것을 보아도 아무런 느낌이 없고,
오히려 기분 전환이 되는 유쾌한 행사 정도로 받아들인다.

　이처럼 냉담한 무관심은 대조라는 예술적 장치에 의해 집
중적으로 조명된다. 가난뱅이들을 양념 삼아 실컷 욕을 퍼부
은 범블과 여감독은 고양이의 사랑스러운 특성들에 대해 알맹
이 없는 이야기들을 늘어놓는다. 그들은 비참하게 살고 고통
속에서 죽어가는 동료 인간들의 상황에 대해서는 냉정하기 짝
이 없다.

　샐리 노파의 죽음은 긴장감이 고조되는 극적인 장면이다.
특히 그녀가 올리버가 태어나던 자리에 있었고, 이 소년에 대
해 전할 말이 있다는 사실이 밝혀지는 부분이 정점이다. 노파
가 말을 마치지 못하고 숨이 끊어지기 때문에, 소년의 부모를
둘러싼 수수께끼는 한층 더 풀기 힘들어진다. 독자가 만난 인
물들 가운데서 이 수수께끼의 해결에 단서를 제공할 것으로
보였던 유일한 인물이 죽어버린 것이다.

Chapters 25, 26

 겁쟁이 몽크스

패긴이 생각에 잠겨 앉아 있는 동안, 날쌘 도저, 베이츠, 치틀링은 카드놀이를 하고 있다. 치틀링의 양손을 유심히 살핀 도저는 계속 딸 수 있었고, 그렇게 게임은 끝난다.

사람들은 치틀링이 베시에게 반했다고 놀려댄다. 톰은 베시를 보호하려고 감옥에 간 것을 인정하면서, '가난뱅이에 덜 떨어진 얼간이'가 부탁했더라면 절대 붙잡히지 않았을 것이라고 말한다. 찰스 베이츠가 지나치게 까불어대자 치틀링이 주먹을 날리지만, 베이츠가 재빠르게 피하면서 주먹은 '유쾌한 노신사의 가슴에' 맞는다.

초인종이 울리자 도저가 나갔다가 돌아와 패긴에게 귓속말로 뭔가를 속삭인다. 대경실색한 패긴이 당장 베이츠와 치틀링을 방에서 내보낸다. 날쌘 도저는 얼른 내려가 방문객을 위층으로 데리고 온다. 토비 크래킷이고, 수척한 모습에 혼자다.

크래킷은 먼저 사흘간 굶은 배를 채운다. 느긋하게 식사를 마친 그는 도저에게 나가라고 명령하고, 사이크스에 대해 묻는다. 유태인은 그 절도 사건이 실패했다는 사실을 신문을 통해 알고는 있었지만, 크래킷조차 사이크스와 올리버의 행방을 전혀 모른다는 이야기를 듣고는 어안이 벙벙해진다.

크래킷은 도둑질이 좌절되고 난 후, 그 한적한 시골이 사람들로 북

적였고, 자신들을 뒤쫓기 위해 개들을 풀어놓았었다는 이야기를 한다. 모두들 엄청난 궁지에 몰려 저 살기에도 바쁜 상황이었기 때문에 두 사람은 총 맞은 아이를 도랑에 버려두고 각자 헤어져서 도망쳤다는 것이다. 더 이상 이야기를 참고 들을 수 없던 패긴이 미친 듯이 뛰쳐나간다.

패긴은 새프론 힐로 이어지는 골목 어귀에 이를 때까지 조심스럽게 거리를 지나간다. 중간에 장물아비를 만나 사이크스에 대해 몇 마디 물어보고는 서둘러 갈 길을 간다. 새프론 힐의 선술집 스리 크리플스에 당도한 그는 담배연기가 자욱한 가운데 남녀 주정뱅이들이 흥청거리는 안으로 들어간다. 그곳의 광경은 '온갖 단계의 교활함, 흉포함, 그리고 술주정'의 극단이랄 수 있다.

패긴은 손짓으로 주인을 불러 층계참에서 이야기를 나눈다. 사내는 바니로부터 아무런 소식을 듣지 못했지만 어딘가에 잘 숨어 있으리라고 믿어도 좋다고 말한다. 패긴이 훨씬 더 걱정스러운 몽크스에 대해 묻자 곧 그곳에 나타날 것이라고 장담한다. 유태인은 약간 주저하면서 내일 몽크스를 만나고 싶다고 말한다.

이어 패긴은 빌 사이크스의 거처로 가보니 풀이 죽은 낸시가 혼자 있다. 낸시 혼자만 있는 것은 그에게 전혀 위안이 되지 못한다. 낸시는 사이크스만 무사히 빠져나갔다면, 올리버는 차라리 죽어서 패긴의 손아귀를 벗어났으면 하고 바란다.

화가 난 패긴은 자신이 힘을 쓰면 사이크스가 교수형을 당하게 될 수도 있다고 넌지시 말한다. 패긴은 일종의 투자이자 장래 수입원이 될 수도 있는 올리버를 잃게 되었다는 생각에 화가 치밀어 하마터면 무슨 말을 내뱉을 뻔했으나, '자신의 악행을 제 입으로 폭로하게 될 것이 염려스러워' 부들부들 떨면서 자제한다.

낸시가 너무 많은 것을 알까봐 불안해진 패긴은 낸시의 속내를 가늠하기 위해 이런저런 질문을 해대고는 그녀가 독주에 만취해 그가 무심코 내뱉은 말을 이해하지 못한다는 사실을 확인하고 만족스러워한다.

패긴이 바람이 휘몰아치는 거리를 지나 허둥지둥 거처로 돌아올 때는 거의 자정 무렵이 되어서다. 집 근처에서 그는 목소리는 익숙하지만 낯선 누군가에게 붙잡힌다. 패긴은 그를 집 안으로 들인다. 아래층에는 부하들과 크래킷이 잠자고 있기 때문에 그를 2층의 방으로 안내한다. 촛불은 불빛이 셔터 너머로 새어나가지 않으면서 조명이 되도록 문 밖에 켜놓은 상태다.

그 수수께끼의 인물은 몽크스이다. 처음에 그들은 속삭이듯 대화를 나눈다. 노인은 상대의 비난에 변명하는 것처럼 보이고 목소리가 높아지면서, 몽크스의 불평이 들린다. "내 다시 한 번 말하지만, 그건 계획부터 형편없는 것이었소."

두 사람은 올리버에 대해 이야기를 나누고 있다. 몽크스는 패긴이 올리버를 도둑으로 만들어 신세를 망치고 종신 유형을 선고받게 할 수도 있었다고 주장한다. 유태인은 자신이 할일은 모두 했으며, 만약 아직도 살아 있다면 녀석은 덫에 걸린 것이나 다름없다고 항변한다.

몽크스가 이야기를 하다가 갑자기 놀라 소리를 지른다. 여자 그림자 하나가 징두리 벽판을 따라 지나가는 모습을 보았다는 것. 두 사람은 촛불이 펄럭거리는 쪽을 향해 뛰어나갔지만, 보이는 것도 들리는 소리도 없다. 유태인은 겁에 질린 손님을 데리고 집 안 이곳저곳을 살펴본다. 점차 평정을 되찾은 몽크스는 상상 때문에 환각을 보게 된 것이라고 단정한다.

이 장들은 알 수 없는 일들이 줄거리를 더욱 복잡하게 만들면서, 점점 깊어지는 수수께끼와 위협적 분위기가 가득하다. 패긴은 닦달당하고, 변함없이 변명하며 수세에 몰린다. 스리 크리플스 주인과의 면담, 낸시와의 만남, 몽크스와의 비밀스런 대화에서 그의 행동과 말은 의심을 불러일으킨다.

작품이 중반을 지나면서 불길해 보이는 몽크스가 소개되는 것을 보면 그가 모종의 역할을 해왔던 것이 분명하다. 그의 등장으로 전체 상황을 한층 더 모호하게 만든 부분에 대한 설명이 나오게 된다. 몽크스는, 비록 '밤새도록 일과 관련된 이야기'를 나누었지만 패긴이 대단히 싫어하면서도 휘둘리는 인물임이 분명하다. 그러나 두 사람의 말을 통해 그 일이 올리버와 관련되어 있음이 판명되면서 아이가 위태롭다는 것이 더욱 확실해질 뿐이다. 올리버는 이 유태인이 도둑 무리에 끌어들이려는 단순한 목표물이 아니었다. 그를 완전히 파멸시키려고 작정한 정체불명의 적이 존재했던 것이다.

패긴이 수수께끼 같은 질문과 정보를 교환하고 있는 동안, 올리버는 생사조차 알려지지 않아 긴장 상태가 지속된다. 올리버에게 어떤 일이 일어났는지는 크래킷이 제공한 간략한 정보가 전부다. 피도 눈물도 없는 사이크스가 동료들 앞에 모습을 나타내지 않는다는 사실은 놀라움을 더욱 가중시킨다. 그

자야말로 올리버에 대해 뭔가 알고 있을 만한 또 다른 인물이기 때문이다.

감춰진 위험이 26장 끝부분에서 정점에 이르며 긴장감이 생겨난다. 몽크스가 벽면을 따라 움직이는 그림자를 인식하게 되는 것은, 그의 상상처럼 신경과민이거나 수수께끼 같은 힘의 작용 또는 초자연적인 힘의 현시(顯示)일 수도 있다. 어쨌거나 그의 행동은 본질적으로 겁쟁이란 것을 드러낸다. 패긴은 아무렇지도 않은 듯 빈 방들을 살피고 다니는 것으로 몽크스의 겁쟁이 기질에 경멸감을 표시한다.

Chapter 27

코니에게 추근대는 범블

범블은 아직도 코니를 기다리며 시간을 때우기 위해 과부의 재산 조사를 반복한다. 그 방에 접근하는 사람이 없었기 때문에 범블은 조사 범위를 서랍장까지 확대한다. 값진 내용물들 가운데 자물쇠로 잠긴 상자를 발견하고 흔들자 돈 짤랑거리는 소리가 난다. 범블은 벽난로 앞의 자리로 돌아와 혼잣말로 다짐한다. "하고 말 거야!"

당황한 듯한 코니가 방 안으로 들어온다. 그녀는 범블이 와인을 따라 주자 거절하고는 물약을 마시겠다고 한다. 범블이 점잔을 빼면서 따라놓은 와인을 비우고 진지하게 다시 구애를 시작하면서 고집쟁이 거지들에 관한 이야기는 쑥 들어간다.

범블이 이렇게 말한다. "석탄, 양초, 그리고 집세를 안 내도 되는 집. 세상에, 코니 부인, 정말 천사입니다!" 그는 구빈원장 슬라우스가 죽음이 얼마 남지 않았다며 그가 죽으면 빈자리는 반드시 자기에게 돌아와야 한다고 넌지시 말한다. 범블의 돈줄이 되어줄 여인은 물약을 한 잔 더 마시면서 샐리가 죽었으며, 결혼하면 샐리와 관련된 사연을 이야기해 주겠다고 말한다. 범블은 장의사 소워베리에게 일이 생겼다는 것을 알리기 위해 구빈원을 나선다.

장의사 부부는 집에 없고, 가게를 신경 써서 보는 사람도 없다. 그 기회를 틈타 노아 클레이폴과 샬럿은 즐기느라 정신이 없다. 소심한 노아가

연모하는 상대에게 막 키스를 하려는 순간 범블이 들이닥친다. 이 교구 직원은 격분하지만 방문 목적을 이야기하는 사이 슬쩍 도덕적인 분노로 방향을 바꾼다.

범블의 좀스럽고 치사한 처신이 적나라하게 드러나며, 코니가 적절한 아내 후보임이 입증된다. 코니는 그녀의 재력 때문에 끌린다는 범블의 솔직한 고백에도 기분이 상하지 않는다. 범블은 방금 탐욕스럽게 구애를 하고 났으면서도 노아와 샬럿의 밀애를 고상한 척 꾸짖어댐으로써 역겨운 위선을 마음껏 과시한다.

이 장에서는 23, 24장에 걸친 이야기의 결론을 내리고 있으며, 사건들이 시간적 공백을 두지 않고 연속된다. 올리버가 런던에 도착한 이후, 그가 태어난 장소는 과거 속으로 사라지고 연속적인 의미가 없는 것처럼 보였다. 우리는 범블의 런던 여행으로 올리버의 출신 배경을 알게 되지만 이제는 올리버가 태어난 마을과 런던 사이를 오가게 되었다. 샐리의 죽음은 상당한 흥미를 유발하고, 이 고아가 태어난 교구에서 그의 운명에 영향을 미치게 될 사건들이 더 많이 전개될 가능성도 생긴 것이다.

Chapters 28-31

 다시 구출되다

작가는 올리버가 겪는 고난을 상세하게 들려주기 위해 과거로 돌아간다. 올리버를 버리자고 한 쪽은 토비 크래킷이다. 추적자들이 점점 거리를 좁혀오면서, 사이크스는 업고 있던 올리버를 버리고 산울타리 너머로 사라진다. 동시에 추격자들도 포기하고 발걸음을 돌린다. 추격대는 그 저택에 사는 노부인의 집사 겸 청지기인 가일스, 잡일꾼 브리틀스, 그리고 잡종개 두 마리를 데리고 있는 떠돌이 땜장이로 이루어져 있다.

동이 트기 시작하면서 공기는 한층 차가워졌고, 비도 여전히 내리고 있다. 올리버는 왼팔이 피에 흠뻑 젖은 채 정신을 잃고 진흙 속에 누워 있다가 차츰 의식을 회복하고 비틀거리며 간신히 일어선다. 그는 정신이 오락가락하는 상태로 고통스럽게 휘청대며 들판을 가로질러 길까지 걸어나와 가장 가까운 집으로 향하는데, 자기 패거리가 털려고 했던 바로 그 집이 아닌가. 탈진한 소년은 어쩔 수 없이 문으로 다가가 약하게 두드리고는 기둥에 기대 주저앉는다.

주방에서 가일스가 요리사와 가정부에게 그날 밤의 무용담에 열을 올리고 있다. 문 두드리는 소리가 들리자 공포감에 사로잡힌 그들은 한 덩어리가 되어 문으로 다가갔다가, 의기양양하게 힘없는 소년을 안으로 끌어들이고는 위층을 향해 도둑을 잡았다고 외친다. 귀여운 목소리의 인물이, 다친 도둑은 가일스의 방으로 데려가고 브리틀스는 처시에 가서 경찰관과 의사를 불러오라는, 숙모의 뜻을 전한다.

나이 지긋한 여주인 메일리 부인과 조카딸 로즈가 아침식사를 하고 있을 때, 처시에서 불려온 외과의사 로스번이 불쑥 들어선다. 두루 인사를 한 그는 계단을 올라가 환자를 진찰하고 한동안 그곳에 머문다.

가일스는 자기가 쏜 총탄에 맞은 사람이 소년이란 사실을 발설하지 않고 있었으며, 두 숙녀는 아직 도둑과 대면하지 못한 상태다. 의사가 두 사람에게 환자를 보아야 할 것 같다고 말하자 노부인이 동의한다.

두 숙녀의 눈에 들어온 환자는 고통에 지치고 탈진해서 깊은 잠에 빠진 '그저 작은 어린애'일 뿐이다. 그들은 깜짝 놀라고, 로즈는 동정의 눈물까지 흘린다. 로즈가 올리버를 도와주라고 간청하자, 숙모는 이 소년을 보호하겠다고 단언한다.

메일리 부인은 의사와 상의하고, 그는 가일스와 브리틀스에게 협조를 강요한다. 올리버가 대략 한 시간 정도면 깨어날 것으로 예상한 의사는 두 숙녀가 있는 자리에서 소년을 심문해 보겠다고 제안하고, 아이가 '아주 못된 인간'이란 사실이 밝혀지면 더 이상 치료하지 않겠다고 한다. 두 숙녀는 그 조건에 동의한다.

저녁 무렵, 올리버가 깨어난다. 소년이 이야기를 하고 싶어하자 의사는 예정했던 면담을 그날 하도록 권한다. 그들에게 불행한 과거를 털어놓은 올리버는 그날 밤 편안히 잠든다.

의사가 주방으로 가니 경찰관이 일꾼들과 함께 있다. 로스번은 가일스와 브리틀스에게 부상당한 소년이 그날 밤 현장에 있던 아이인지 밝혀보라고 들이댄다. 이처럼 계산된 행동에 두 사람은 어리둥절해진다. 그때, 아침에 가일스와 브리틀스가 불렀던 런던 경찰국 소속 경관들이 도착한다.

책임자는 50세 정도에 크고 탄탄한 몸집의 소유자인 블래더스이고,

기분 나쁜 표정의 더프라는 경관을 동행하고 있다. 이 절도 사건에 대해 로스번이 장황하게 설명을 해댄다. 블래더스는 '하인들이 이야기했던 이 곳에 있다는 소년'에 대해 알고 싶어하지만, 의사는 답변을 피한다.

집 안팎을 수색한 경관들이 가일스와 브리틀스의 진술을 듣지만 두서없는 이야기만 늘어놓자, 자기들끼리 의논하기 위해 자리를 뜬다.

의사는, 올리버 이야기를 하면 아무런 근거도 없는 올리버의 말에만 의존해야 하기 때문에 결국은 죄를 덮어쓸 것이 뻔해 걱정스럽다. 로스번은 대담한 전략을 구사해야겠다고 판단한다.

경관들은 하인들이 도둑들과 결탁했던 것은 아니고, 범죄자들은 런던에서 원정 나온 전문털이범들로 남자 둘과 아이 하나라는 결론을 내린다. 블래더스가 위층에 있는 아이를 만나보겠다고 하자 사람들은 뭔가 좀 마시고 하라며 경관들을 설득한다.

독한 술과 로즈의 짐짓 가장한 관심에 혹한 경관들은 과거의 기발한 범죄에 대해 이야기를 늘어놓는다. 이때 그 방을 나갔다가 돌아온 의사가 두 경관을 위층으로 올라가게 한다.

상태가 악화된 올리버는 무슨 일이 일어나고 있는지 모른다. 로스번은 소년이 무단 침입을 했다가 자동 발사 장치가 된 총에 맞았고, 이 무정한 집사에게 거칠게 다뤄진 것이라고 꾸며댄다. 당황한 가일스는 올리버가 집에 침입했던 아이가 아니라고 분명히 말할 정도로 어리둥절하다.

화가 치민 경관들은 의사의 제안에 따라 브리틀스에게 관심을 돌린다. 잔뜩 혼란스러워하고 있는 그에게서 얻어낼 것이라곤 올리버가 그 소년인지 확인할 방도가 없다는 것이 전부다.

가일스가 실제로 누굴 쏘았는지조차 확실한 것이 아니게 된다. 그가 쏘았다는 두 자루의 권총 가운데 한 자루에서는 총탄이 발견되지 않았고,

그 사실은 '10분쯤 전에 그 총에서 총탄을 빼낸' 의사를 제외한 다른 모든 사람들에게 깊은 인상을 준다.

수사관들은 쉬기 위해 물러갔다가 다음날 그다지 결정적이지 못한 몇 가지 조사를 더 마치고는 런던으로 돌아갔다.

메일리 부인과 로스번은 올리버가 원하기만 한다면 책임지고 돌보겠다고 다짐한다. 올리버는 세 친구의 보살핌으로 다시 한 번 정상을 되찾기 시작한다.

총상으로 의식을 잃은 올리버는 춥고 비가 내리는 아침, 도랑에 누워 있다. 그의 상황은 죽는 것만 빼면 더 이상 나빠질 수 없을 정도이고, 죽거나 나아지거나 둘 중 하나일 뿐이다. 운명의 여신이 무력한 꼭두각시에게 미소를 보내면서 그는 보다 나은 길로 들어서기 시작한다. 도둑질이 실패하면서 당한 수난이 소년을 속박에서 벗어나게 하는 구원의 수단으로 작용한 것.

이제 올리버는 광명의 보호를 받게 되었고, 그 힘은 어둠의 세력이 꾸미는 사악한 파멸 계략으로부터도 그를 지켜줄 수 있을 정도로 강력하다. 이제 소년은 안전한 거처에서 하인, 풍요로움, 존중, 그리고 무엇보다 인정 많은 사람들의 보호막에 둘러싸여 편안히 지낸다. 올리버는 도랑이란 낮은 지점으로부터 놀라운 반전을 경험한다.

　어떤 독자들은 디킨스가 인간의 가장 훌륭한 면을 표현함으로써 애초의 주장을 뒤엎고 있다고 생각할 수도 있다. 정직한 메일리 부인과 조카딸 로즈의 부추김을 받은 로스번은 올리버를 돕기 위해 종래의 도덕률과 질서를 아무렇지도 않게 부인한다. 이러한 맹약(盟約)의 의도가 문명사회의 초석이라고 여겨지는 법의 집행을 왜곡하려 드는 것인 한, 더욱 의문의 여지가 있다.

　로스번은 경찰관을 속이기 위해 거짓말을 꾸며대고, 의사로서 지켜야 할 성실성과도 타협하는 지경에 이른다. 게다가 믿을 만한 하인들까지 거짓말에 휘말리도록 만든다. 가장 심한 최후의 일격은 수사에 중요한 증거를 조작한다는 점이다.

　그럼에도 불구하고 이 모든 것들은 작가가 사회에 대해 지니고 있는 근본 원칙과 일치한다. 그는 법률을 포함한 제도가 인간의 처지를 향상시킨다는 것을 거의 믿지 않았고, 진정한 정의의 매개체로서 법이라는 비인간적인 기계장치의 회전보다는 훌륭한 인간들에게서 나타나는 자비 충동의 효험을 더욱 신뢰했다. 어쨌든 디킨스는 자비심과 자선에 대한 주장을 자의적인 법의 독재보다 우선하는 것으로 격상시키려 든다. 목적이 칭찬받을 만하고 수단이 무해하다는 정의하기 어려운 규정과 함께, 목적이 수단을 정당화한다는 주장에 위태롭게 다가서고 있는 것이다.

Chapter 32

전원생활

올리버의 한쪽 팔이 회복되어가고, 그 끔찍한 경험으로 생긴 병도 나아가고 있다. 그는 로즈 메일리에게 감사 인사와 더불어 성실성을 몸소 보여주겠다는 강렬한 욕구를 수없이 표시한다. 로즈는, 숙모가 쇠약해진 그를 데리고 시골로 내려갈 생각을 하고 있으니 그럴 기회는 얼마든지 있을 것이라고 다짐한다. 올리버는 힘든 상황에서 자기를 돌봐줬던 브라운로에 대해서도 생각한다. 로스번은 브라운로를 만날 수 있도록 데려다주겠다고 제안한 적이 있다.

올리버가 어느 정도 원기를 되찾자, 의사는 메일리 부인의 마차로 올리버를 데리고 런던으로 떠난다. 그들이 처시 다리에 도착하자 갑자기 흥분한 올리버가 낡은 집 한 채를 가리키며 도둑들의 은신처라고 속삭인다. 의사는 충동적으로 마차에서 뛰어내려 다짜고짜 그 집으로 들어간다.

그곳에는 추하게 생긴 꼽추 사내 한 명이 있고, 내부의 어떤 것도 올리버의 설명과 들어맞지 않는다. 집 주인과 침입자 사이에 언쟁이 오가고, 사내는 그 집에서 혼자 25년을 살았다고 주장한다.

의사는 그에게 동전 한 닢을 건네고는 물러난다. 마차로 돌아온 로스번은 잠시 올리버의 진실성을 의심하지만 이내 떨쳐버리고는 충동에 쉽게 굴복하는 자신의 버릇을 나무란다.

브라운로의 집 앞에서 마차를 멈춘 그들은 창문에 나붙은 '세놓음'

이라는 게시물을 보게 된다. 그들은 이웃사람들로부터 브라운로가 전 재산을 처분하고 6주 전 가정부와 친구 한 명을 데리고 서인도제도로 떠났다는 사실을 알게 된다. 올리버는 헌책 노점을 찾아가 보자고 재촉하지만 의사는 반대한다.

올리버는 브라운로와 베드윈에게 자기 소식을 알리고 명예를 회복할 기회를 잃게 된 것에 크게 실망한다. 가일스와 또 다른 하인 한 명을 처시의 저택에 남겨둔 채, 메일리 부인과 로즈는 올리버를 데리고 멀리 떨어진 오두막으로 떠난다.

시골은 꽃향기가 진동하는 봄을 맞고 있으며, 그토록 오랜 기간 동안 더럽고 지저분한 환경 속에 갇혀 있었던 소년은 주변의 조용함과 자연의 아름다움에 미칠 듯한 기쁨으로 반응한다. 하루하루가 평안하고 행복하며, 밤은 걱정과 불안으로부터 자유롭다.

한 노신사가 올리버에게 글을 가르치고, 올리버는 매일 즐겁게 수업 준비를 한다. 올리버는 두 숙녀를 위해 친절을 베풀고 도움을 주는 기회를 찾게 된다. 두 사람과 함께 보내는 숱한 즐거운 시간들이 그것이다. 꿈같은 3개월이 지나간다.

: 풀어보기

장면 전환이 일어나는 이 장에서 올리버는 밝은 환경으로 옮겨진다. 런던에서 경험한 음울한 사건들이 어둠, 축축한 냉기, 더러움을 배경으로 일어났던 반면, 이 '진정한 행복'의 시기는 찬란한 햇살과 맑은 하늘 아래 펼쳐진 푸른 초목이 배경이다. 그곳에는 도시의 소란스러움과 답답할 정도의 붐빔 대신, 평온함과 광활함이 존재한다. 거친 다툼과 역한 악취는 부드러운 음악과 꽃들의 달콤한 향기로 대체된다.

로스번이 아무 생각 없이 처시 다리 옆에 있는 집으로 뛰어 들어간 것은 그의 천성이 충동적이란 것을 잘 보여주지만 작가는 서둘러 그 이상의 설명을 덧붙인다. ('미스터'가 의사에 대한 올바른 호칭이란 점이 언급된다.)

런던 여행은 어떻게 주변 상황이 올리버로 하여금 은인들의 눈에 반박의 여지가 없도록 자신을 변호할 기회를 빼앗는 요인으로 작용하는지를 보여준다. 헌책 노점을 찾아갔다면 아마도 올리버의 삶에서 중요한 부분에 대한 확증을 낳았을 것이다.

Chapters 33-36

 로즈 메일리의 가슴 아픈 사랑

여름은 대지의 풍요로운 하사품을 가져다준다. 초목은 무성하게 자라나고, 올리버도 튼튼하고 건강해진다. 그러나 올리버는 여전히 '상냥하고, 사람들을 사랑하며, 사랑 받을 만한 아이'다.

어느 포근한 날 저녁, 올리버와 두 숙녀가 언제나처럼 산책을 마치고 돌아온 후, 로즈가 갑자기 주체할 수 없는 울음을 터뜨린다. "저 어디 아픈 것 같아요, 숙모님." 그러나 방으로 돌아가는 그녀의 모습이 약간 좋아진 듯 보이지만 메일리 부인은 조카딸의 증세가 심각하며 악화될 수도 있다고 생각한다. 노부인은 걱정스러우면서도 침착함을 잃지 않는다.

다음날 아침, 로즈는 위험할 정도의 고열에 시달린다. 메일리 부인은 편지 두 통을 쓴다. 하나는 로스번의 왕진을 청하는 것으로 당장 발송해야 하고, 모모 시골 저택의 '해리 메일리 귀하'라고 적힌 한 통은 당장 발송하지 않기로 한다.

그 편지를 받아든 올리버는 가까운 마을까지 6킬로 정도의 들길을 급히 달려간다. 의사에게 보내는 편지는 여관에서 지급 우편을 배달하는 기수에게 맡겨진다.

올리버는 서둘러 돌아오는 길에 망토 차림의 키다리 남자와 부딪힌다. 그 남자는 올리버에게 저주의 말을 퍼붓고는 발작을 일으키며 쓰러진다. 올리버가 도움을 청하고, 그 남자는 여관 안으로 옮겨진다. 로즈가 걱정스러운 올리버는 이 일은 금세 잊어버린다.

로즈는 훨씬 상태가 악화되어 있으며, 동네 의사는 손을 쓸 수 없다고 포기한 상태다. 자정이 되기 전, 고열에 시달리는 로즈는 제정신이 아니다. 올리버는 긴장과 공포 속에서 그날 밤을 보낸다. 그 다음날도 고통스러운 기다림이 계속된다. 로스번이 왕진을 오기는 했으나 동정이나 할 수 있을 따름이다. "어렵겠어. 아주 어리고, 정말 사랑스러운 아이인데. 별반 가망이 없어."

다음날, 올리버는 동네 공동묘지에 앉아 로즈를 위해 기도하고 있다. 화창한 하늘 아래 사방에서 생명이 넘쳐나는 사이 그토록 어리고 착한 아이가 죽어야 한다는 것이 정말 믿기지 않는다. 그러한 역설은 다른 젊은 이의 장례를 알리는 교회의 조종 소리에 의해 더욱 확실해진다.

슬픔에 찬 올리버는 집으로 돌아와 메일리 부인과 함께 거실에서 밤새도록 환자를 지킨다. 환자는 죽음 아니면 회복에 의해 끝날 것만 같은 깊은 잠에 빠져 있다. 몇 시간 후, 로스번이 들어와 로즈가 위기를 넘겼으며 살아날 수 있을 것이라고 알린다.

올리버는 바깥으로 나가 긴장했던 마음을 홍수 같은 눈물로 달랜다. 역마차 한 대가 전속력으로 달려온다. 말들이 멈춰서고, 창문에서 가일스가 놀리버에게 큰소리로 소식을 알린다. 올리버는 또 다른 승객인 메일리 부인의 아들 해리에게 로즈가 위험한 고비를 넘겼다는 사실을 알려준다.

해리는 어머니에게 인사를 하면서 좀더 일찍 소식을 알리지 않았다며 책망한다. 노부인이 로스번의 소견을 듣고 나서 편지를 보냈기 때문이다. 젊은이는 어머니에게 로즈를 변함없이 깊이 사랑하고 있노라고 단언한다. 메일리 부인은, 아무리 아내가 결백하더라도 추문에 휘말리면 헌신적인 애정도 손상될 수 있다고 냉정하게 주장한다. 해리는 입씨름을 잠시 접고, 이틀 내에 자신의 감정을 로즈에게 알리겠다고 말한다. 노부인은

로즈가 '자신의 의심스러운 출생'을 이유로 그 제안을 거절할 수도 있다고 일깨워준다.

로스번은 특유의 방식으로 가일스를 약간 놀려주고 나서는 한쪽으로 데려가서 메일리 부인이 도둑을 막은 것에 대한 답례로 그를 위해 은행에 25파운드를 예치해 두었다는 사실을 털어놓는다. 그날 저녁은 모든 사람들이 기분 좋게 감사의 마음으로 보낸다.

다음날 올리버는 세상이 다시 유쾌하고 찬란해졌음을 깨닫는다. 아침 소풍도 더 이상 혼자가 아니고, 병실의 환자를 위해 활기차게 들꽃을 꺾어 모으는 해리와 동행한다.

혼자 있는 시간이 늘어나면서 올리버는 부지런히 공부에 전념한다. 바쁜 하루를 보내고 난 어느 날 저녁, 그는 책을 읽다가 얕게 잠든 상태에서 패긴의 집에 있는 꿈을 꾼다. 패긴이 올리버를 가리키며 또 다른 사람에게 이렇게 말하는 것 같다. "이 녀석이야, 틀림없어." 그 사내는 증오가 담긴 저주로 그 말에 수긍한다. 올리버는 깜짝 놀라 잠에서 깨어난다. 1층 창문 밖에 올리버가 여관 뜰에서 부딪혔던 사람과 패긴이 서 있다. 그들은 단박에 서로를 알아본다. 올리버가 도움을 청하는 사이에 두 남자는 자취를 감춘다.

올리버의 고함을 들은 해리 메일리는 침입자들을 뒤쫓으려고 산울타리를 건넌다. 가일스와 로스번도 추적에 합류하지만 도망자들은 보이지 않고, 흔적도 없다. 날이 어두워지자 그들은 어쩔 수 없이 수색을 포기한다. 가일스는 마을에서 그 사내들에 대한 단서를 찾아보려 하지만 헛수고다. 그 노력은 그 다음날도 계속되지만 여전히 아무런 소득이 없고, 이 사건에 대한 관심은 점점 옅어진다.

로즈는 빠르게 건강을 회복해 자신의 위치를 되찾아가고 있지만 일말의 긴장된 분위기는 여전하다. 해리와 어머니는 오랜 시간 단둘이 뭔가를 의논한다. 로즈는 자주 울고 있었던 것 같고, 로스번이 떠날 날을 잡아 놓은 이후로 더욱 안절부절못한다.

마침내 해리 메일리가 로즈를 사랑한다고 사람들에게 길고 열정적인 연설로 공표한다. 처음에 로즈는 좀더 일찍 떠나 가치 있는 일을 하기 바란다고 응대한다. 해리는 그녀를 얻는 것이야말로 예전부터 바라던 일이라고 설득하지만, 로즈는 한결같이 자기를 사랑하지 말라고 답한다.

이유를 말해 달라는 간청에 로즈는 세상에 나가 입신할 열망을 품은 남자의 아내가 되기에는 부적합하다고 말하고, 그 결정은 감정이 아닌 이성에 의한 것이고, 만약 해리와 신분이나 장래 면에서 커다란 차이가 없었더라면 상황이 달라졌을 수도 있다는 점을 마지못해 인정한다. 헤어지기 전, 해리는 1년 정도 후에 그녀의 입장을 다시 한 번 확인해도 좋다는 허락을 받아낸다.

로스번, 해리 메일리, 올리버가 아침식사를 하는 동안, 의사는 해리에게 계획을 세워놓고는 주저한다며 나무란다. 해리는 그날 아침 어머니와 로즈를 만나지 않고 의사와 함께 저택을 떠나기로 했던 것이다.

해리는 올리버와 남몰래 이야기를 나눈다. 그는 자신이 한동안 집을 비우게 될 것이니 2주마다 런던 중앙 우체국 앞으로 편지를 쓰라고 청한다. 어머니와 로즈의 근황을 알고 싶다는 것. 그러나 자신의 소재는 비밀에 부친다. 올리버는 그런 책임을 자랑스러워하며 받아들인다.

해리는 로즈의 창문을 힐끗 쳐다보고 나서 마차에 올라타고는 엄청난 속도로 말을 몰아 그 자리를 떠난다. 로즈는 커튼 뒤에 숨어 눈물을 흘리면서 그 모습을 지켜보고 있다.

: 풀어보기

이 작품의 대부분에서 배경은 행동의 방향과 어울리게 맞춰지는 반면, 이 부분에서는 대조적인 기법이 구사되어 날카로운 효과를 내고 있다. 로즈는 인생의 절정이랄 수 있는 청춘이며, 봄철에 피어나는 꽃처럼 건강하다. 이 소녀가 죽을 운명에 처해진다는 것은 고통스러울 정도의 모순이라고 할 수 있다. 올리버에게 이러한 불행의 위협은 묘지에서 한 젊은이가 매장되는 광경을 보고 그 어떤 생명체도 예기치 못한 죽음을 접할 수 있다는 사실을 깨닫기 전까지는 도대체 믿기지 않는 일로 다가온다.

여기에 해리 메일리가 도착하면서 낭만적인 이야기가 시작된다. 이 사건은 부차적인 내용이지만, 적어도 독자들이 예상하는 것 한 가지를 충족시킨다. 그러나 해리와 로즈가 결합하는 데는 또 하나의 수수께끼가 존재한다. 왜 로즈가 해리의 아내로서 적합지 않은지를 알려주지 않기 때문이다.

사실, 이 장들은 수수께끼가 가득하다. 밤에 패긴과 만난 몽크스에 대한 묘사가 없지만, 당시 분위기와 여관 뜰에서 부딪힌 낯선 사람의 혼란스러운 행동은 그 둘이 동일인임을 확신하게 한다. 이 꺼림칙한 미지의 인물과 함께 등장한 패긴이 올리버의 창문 밖에 모습을 나타내는 장면은 오싹하고 안정이라는 올리버의 환상에 종지부를 찍는다. 올리버는 이제 패긴이 자기를 찾아냈다는 것과 그 사실을 염두에 두고 있어야만 한다는 것을 깨닫는다.

이 불길한 방문의 증거를 전혀 찾아내지 못한다는 사실은 올리버에게 불리하게 작용한다. 이 사건에서도 처시 다리 근처에서 있었던 일과 비슷한 몇 가지 특징이 반복된다. 로스번이 올리버를 경찰로부터 보호해 줄 방법을 찾으면서 했던 말 그대로다. "그 아이는 자신에게 안 좋은 부분만 증명할 수 있을 뿐, 유리한 부분은 하나도 증명하지 못하는군."

반복되는 긴장 상황 속에서 올리버의 은인들이 얼마나 오래 신뢰해 줄지 의문이 제기될 수도 있다. 석 달간의 목가적인 생활은 이제 간직하고픈 기억일 뿐이다. 올리버는 자기의 행복을 위협하는 과거가 여전히 살아 있으며, 뭔지는 모르지만 훨씬 더 강해졌다고 느낀다.

Chapters 37, 38

범블 부부와 몽크스

범블은 구빈원의 거실에 우울한 기분으로 앉아 있다. 그는 코니와 결혼했으며, 구빈원장 자리도 차지했다. 이러한 신분 상승에도 불구하고 그는 교구 직원의 권위를 함축한 삼각모를 더 이상 쓸 수 없게 된 것이 몹시 안타까울 뿐이다.

범블과 과부가 결혼한 지 8주가 지났다. 범블은 결혼지참금으로 가져온 것들을 헤아리면서 자신을 너무 싸게 팔아넘긴 것 같다고 중얼거린다. 범블 부인은 그 말을 전부 알아듣지는 못했지만 말뜻을 대충 짐작하고는 입씨름을 벌인다. 범블은 아내의 도전을 굶주린 빈민들을 억누를 때 한 번도 실패한 적 없는 위압적인 시선으로 맞받는다. 아내는 조소하듯 깔깔거리다가는 그 다음 무기인 '발작적인 울음'을 꺼내들지만 이 무정한 사내를 즐겁게 만들 뿐이다. 승리감에 도취된 범블이 문을 향해 성큼성큼 걸어간다.

범블 부인은 더욱 효과적인 방법에 의존한다. 남편의 모자를 쳐서 벗겨버리고, 멱살을 움켜쥐고는 주먹으로 흠씬 갈기고, 할퀴고, 머리칼을 쥐어뜯고, 의자에 밀치고는 방구석에서 나가라고 명령한다. 범블은 이제 전혀 효력을 발휘하지 못하는 모자를 주워들고 모습을 감춘다.

범블은 구빈원을 한 바퀴 돌면서 여성 수용자들이 빨래하는 방으로 들어가 너무 시끄럽게 떠든다고 꾸짖어 구겨진 기분을 되살려보려고 애쓴다. 이 엄격한 규율가는 예기치 못한 아내의 출현에 순간 겁을 먹는다. 빈민 여성들이 고소해 하는 가운데 '비누거품이나 한 양푼' 흠뻑 뒤집어 쓰고 싶냐는 위협을 받고 그 자리에서 쫓겨난 구빈원장은 분을 삭이며 거리로 나선다.

범블은 손님이라곤 큰 키에 망토 차림의 수상한 남자 딱 한 명이 있는 한 선술집을 찾는다. 서로를 슬금슬금 훔쳐보고 난 두 사람이 이야기를 시작한다. 낯선 인물은 자신의 정체를 밝혀서는 안 된다는 점을 강조하면서, 범블에 대해서는 좀 알고 있노라고 말한다. 그는 범블에게서 어떤 정보를 캐내려 하고 있으며, 그 대가를 선금으로 지불한다.

그는 범블에게 12년 전의 사건을 떠올려보라고 한다. 올리버 트위스트의 출생에 대해 묻는 것이 분명하지만 소년에 대한 관심은 거칠게 부인한다. 그의 목표는 아기 엄마를 돌본 여인이다. 그녀가 죽었다는 사실을 말해 주자, 사내는 안도와 실망감 사이를 헤매는 듯한 인상이다. 그는 별일이 아니라며 그곳을 떠나려 한다.

범블의 탐욕스러운 본능이 뭔가 이득거리를 감지한다. 그의 아내는 샐리 노파가 죽던 날 밤 일어난 일에 대해 말하지 않지만 그가 단편적으로나마 알아낸 사실은 샐리가 올리버 어머니의 출산을 도운 일과 관계가 있으리란 점이다. 범블은 거지 노파의 죽음을 목격한 인물을 만나게 해줄 수 있다며 낯선 사내를 붙든다. 이 말을 듣고 사내의 얼굴에 걱정스러운 낌새가 감돌자, 다음날 저녁 강가의 모처에서 만나기로 약속을 잡는다.

낯선 사내는 인사도 없이 그 자리를 떠난다. 그 사내의 이름을 적어 두지 않은 것을 깨닫고 뒤쫓아나간 범블은 이름이 몽크스라는 대답을 듣는다!

다음날 저녁, 범블 부부는 강가로 간다. 그 근처의 빈 건물들은 모두 정체를 알 수 없는 사람들이 거처로 사용한다. 범블은 한때 공장으로 쓰였을 법하나 이제는 개울로 무너져 들어가고 있는 커다란 건물을 향해 앞장을 선다. 범블 부부가 그 폐허 앞에 당도할 무렵 폭풍우가 시작된다. 범블이 주저하자 몽크스는 두 사람을 재촉해 안으로 들어간다.

천둥까지 치기 시작하자, 몽크스는 그 소리에 이상할 정도로 혼란스러워한다. 그는 앞장서서 위층으로 올라가다가 돌아서서 범블을 향해 말한다. “저 여자는 그게 뭔지 알고 있겠지, 안 그런가?” 하지만 겁 없는 그녀는 이미 남편에게 말을 아끼라는 주의를 준 터였고, 직접 대변자 역할을 맡는다. 그녀는 남편에게 그 일에 대해 한 번도 털어놓은 적이 없다.

몽크스는 샐리의 죽음과 관련된 정보에 충분한 사례금을 지불할 것이 분명하다. 범블 부인은 몽크스가 25파운드를 내기로 할 때까지 교활하게 협상을 해낸다.

그녀가 속삭이는 목소리로 들려준 이야기는 이렇다. 샐리가 숨을 거둘 당시 그녀와 단둘이 있었고, 시신의 손에서 빼낸 종이쪽지는 전당표였다. 샐리는 올리버의 어머니에게서 가로챈 물건을 전당잡힌 게 분명했고, 간신히 그 이자만 물어주던 형편이었다. 그 저당물은 만기로 처분되지 않아 자기가 찾았다.

범블 부인이 작은 주머니를 하나 꺼내놓자, 몽크스가 진지하게 열어본다. 그 안에는 두 타래의 머리카락과 별 장식이 없는 금반지 한 개가 담긴 작은 로켓이 들어 있다. 그 반지에는 성 자리는 비워둔 채 ‘애그니스’라는 이름과 올리버가 태어나기 바로 전 해의 어떤 날짜가 새겨져 있다.

몽크스는 범블 부인에게 두 가지 질문을 해도 좋다고 허락한다. “그게 내게서 받게 되리라고 예상했던 것이 맞나요?” “그것이 내게 불리하게 사용될 수도 있나요?” 몽크스는 첫 번째 질문에는 그렇다고 대답하고,

두 번째 질문에는 절대 그럴 일은 없다고 답한다. 몽크스가 즉각 범블의 발밑 마룻바닥에 있는 뚜껑을 당겨 열자 그 아래로 거칠게 흐르는 강물이 보인다. 그는 그 물건에 무거운 추를 달아매고는 굽이치는 강물 속으로 떨어뜨린다.

몽크스가 그들 부부에게 비밀을 지킬 것을 요구하자 범블은 비굴한 모습을 보이며 그러마고 답하고, 몽크스의 지시에 따라 서둘러 그곳을 떠난다.

비록 범블이 구빈원 원장 자리에 오르긴 했으나 교구 직원이란 공직의 상징을 상실한 것은 그의 실제 상태를 나타낸다. '고인이 된 코니의 마누라였던 과부댁'과의 결혼은 삼각모의 부재로 지적되듯 그를 종속적 지위로 전락시킨다.

여감독과 남편 사이에 벌어지는 싸움은 이 작품에서 보여 주는 재미의 연상에 불과하다. 사이크스가 맥주 세례를 받거나 패긴이 베이츠를 겨냥한 주먹에 대신 맞는 것처럼 이따금씩 번득이는 희극적 요소들은 아주 잠깐만 등장한다. 그런 사건들은 그들 모두를 우울하게 만드는 상황에서 나오기 때문에 불안한 껄껄거림만 허락할 뿐이다.

구빈원에서 벌어지는 싸움조차 거리낌 없이 재미를 느낄 수 있을 만큼은 아니다. 우리는 범블 부부의 행동을 웃어넘기게 되지만, 그 쾌감은 그들이 당해도 싼 상황에서 쩔쩔 매는 모습을 보는 만족감에서 생겨나는 것이다. 한편, 우리는 피크 위크나 그 친구들의 행동에도 웃지만, 그들이 좋지 않은 일을 당해 고통받는 것을 보면 슬퍼진다. 유쾌한 유머는 동정심을 유발하는 희극적 인물들에 의해 생겨나는 것이지 〈올리버 트위스트〉에서 오락거리로 제공되는 비루한 인간들에게서 나오는 것이 아니다. 달래기 힘든 사악함이나 임박한 파멸 같은 느낌으로 충만해 있는 이 작품에는 기분전환거리가 거의 존재하지 않는다.

범블이 구빈원을 나서자마자 몽크스가 사악한 목적을 단호하게 추구하는 꼴을 보게 되면서 죄악의 장막이 또 다시 갑갑하게 죄어들어온다. 이어 범블 부부와의 만남은, 밤에 썩어가는 것들과 폐허의 축축함 속에서 비, 천둥, 번개가 동반되는 상황에서 이뤄진다.

오래도록 사건이 뒤얽히기만 하다가 실마리가 풀리는 방향으로 약간의 움직임이 일어난다. 이제까지 알려지지 않던 샐리의 죽음과 관련된 일부 정보가 밝혀진다. 여감독이 죽은 자의 방을 나설 때 설명할 수 없는 평온한 태도를 취한 이유가 이제 분명해지는 것이다. 충분하지는 않아도 어느 정도는 의문이 풀려가고 있다.

Chapters 39-41

 배신

몽크스가 범블 부부와 협상을 하고 난 날 저녁, 사이크스는 낮잠에서 깨어나면서 늘 그렇듯이 고약한 성질을 부린다. 그는 예전에 살던 집 근처의 초라한 숙소에서 지내고 있다. 병에 시달리고 지독한 가난까지 겹쳐 피폐해진 몰골이다. 그 자리에 있는 낸시도 '간호와 궁핍으로 창백하고 쇠약한' 모습이다. 어쨌든 사이크스는 유일한 친구인 낸시를 학대할 수 있을 정도로 회복되었다. 낸시는 이런 학대는 참을성 있는 보살핌의 보답으로는 끔찍하다며 항의하고, 탈진해 정신을 잃는다.

그때, 패긴이 날쌘 도저, 찰스 베이츠와 함께 들어온다. 모두가 힘을 합쳐 돌본 덕분에 낸시가 정신을 차린다. 그들이 먹을 것과 마실 것을 잔뜩 가지고 왔지만 사이크스는 앓고 있던 3주일 동안 아무도 돌봐주지 않았다며 앙심을 품고 불평한다. 패긴은 일주일은 다른 지방에 가 있었고, 나머지 시간은 돌아오면서 이런저런 일로 지체되었다고 항변한다.

사이크스는 5파운드를 요구하지만 어쩔 수 없이 그 이하의 액수로 합의를 본다. 그는 낸시 외에는 그 돈을 가져오는 일을 믿고 맡기려 들지 않는다. 따라서 사이크스만 남겨두고 모두들 그 집을 나선다. 패긴의 거처에는 크래킷과 치틀링이 와 있다. 토비는 치틀링에게서 딴 돈을 가지고 그곳을 떠나고, 패긴이 눈치를 주자 다른 사내들도 자리를 비켜준다.

패긴이 사이크스의 몫을 챙기려는 순간 그를 찾는 목소리가 들린다.

낸시는 패긴이 눈치 채지 못하도록 얼른 자신의 숄과 모자를 낚아채 탁자 밑에 쑤셔 넣는다. 패긴은 기다리던 사람이라고 말하는데, 바로 몽크스이다. 낸시는 어색해 하며 탁자 앞에서 꿈쩍도 하지 않으려고 하자, 그는 손님을 다른 곳으로 데리고 간다.

그들이 자리를 옮기자마자 낸시는 문으로 가서 계단을 올라갔다가 15분쯤 뒤에 돌아온다. 혼자 돌아온 패긴은 떠날 채비를 마치고 있는 낸시에게 돈을 건넨다.

정말 혼란스러운 낸시는 사이크스가 있는 집과는 정반대 방향으로 걷다가 눈물을 흘리면서 돌아서서 사이크스에게 돈을 전해 주기 위해 걸음을 재촉한다.

그 다음날, 사이크스는 낸시가 '뭔가 대담하고 위험한 일을 해치우기 직전의 사람처럼 멍하니 넋을 놓고 불안해 하는' 사실을 눈치 채지 못한다. 저녁이 되자 그는 진 토디를 벌컥벌컥 마셔대면서 낸시의 이상한 모습에 대해 나불대다가 열병에 걸렸다는 결론을 내린다. 사이크스가 약을 달라고 하자, 낸시가 돌아앉아 약을 따른다. 잠시 후 그는 깊은 잠에 빠진다. 침대 곁을 떠나면서 낸시는 아편이 효과를 내기 시작한다고 중얼거린다.

낸시는 서둘러 준비를 마치고 빌 사이크스에게 입맞춤을 하고는 황급히 뛰쳐나간다. 그녀가 미친 듯 런던 거리를 질주하기 시작할 무렵 시간은 거의 열 시에 이르고 있다. 한 시간 후, 그녀는 하이드파크에 있는 한 호텔에 도착해 메일리 양을 만나겠다고 청하지만 하인들에게 저지당한다. 약간의 시간이 흐르고 나서 낸시는 한 번 만나게 해달라는 쪽지를 로즈에게 전할 수 있게 된다. 로즈는 땀에 젖은 초라한 소녀를 위층으로 올려 보내 대기실에서 기다리게 하라는 답을 준다.

낸시는 로즈 메일리를 만나기 직전 오만함으로 무장하지만, 그녀가 상냥하게 맞아주자 풀이 꺾인다. 그녀는 올리버를 중간에 납치했다는 사실과 자신의 충격적인 과거를 조리 있게 말하고, 지금 행동이 패거리에게 발각되면 틀림없이 살해당할 것이라고 단언한다. 그리고는 몽크스라는 인간을 아느냐고 묻는다. 로즈가 '모른다'고 대답하자, "그 자는 아가씨를 알아요"라며, 자기가 로즈의 소재를 알게 된 것은 몽크스라는 자의 말을 엿들었기 때문이라고 설명한다.

계속해서 낸시는 어떻게 패긴과 몽크스의 이야기를 엿듣게 되었는지를 말해 준다. 몽크스는 올리버를 다시 붙잡아오면 후사하겠다는 제안을 했고, 올리버를 도둑으로 만들면 더 많은 돈을 주겠다고 했다는 것이다. 몽크스가 그런 제안을 하는 동기가 무엇인지는 벽에 나타난 낸시의 그림자 때문에 놀라 말하지 못했고… 그러다가 바로 어젯밤 이 음모자들의 이야기를 다시 엿듣게 되었던 것이다. 몽크스는 올리버의 신분에 대한 흔적을 모조리 없애야 한다고 말했고, 돈을 가지고 온 참이었다. 그는 올리버가 감옥에 들어가거나 그보다 더 심한 온갖 수치스러운 일을 당하면 좋겠다며 증오하는 이복동생 올리버를 파멸시키기 위한 결심을 단호하게 밝힌다.

낸시는 메일리 부인과 조카딸이 올리버의 정체를 알기 위해 큰돈을 내놓을 것이라는 몽크스의 말도 들었다고 한다. 그런 다음 그녀는 돌아가야겠다고 말한다.

로즈가 어떻게 해야 할지 묻자, 낸시는 믿을 만한 신사를 찾아 조언을 구해 보라고 제안한다. 로즈가 거듭해서 낸시에게 보호와 도움을 주겠다고 제안하지만, 그녀는 어떤 대가를 치르더라도 동료들에게 돌아가야 한다고 고집부린다. 이제는 정상적인 생활로 되돌아가기에 너무 늦었다고 고함을 질러대면서 모든 제안을 거절하는 것이다. 낸시는 자신이 애정을 베풀고 의리를 지킬 대상은 야만적이며 물불을 가리지 않는 무법자다. 그리고 이 작자에게 살해당할 수도 있지만, 자신의 삶에서 유일하게 공허

함을 채워주었기에 이끌리고 있다는 것을 너무도 잘 안다.

낸시는 매주 일요일 밤 열한 시부터 자정까지 런던 브리지에 나와 있겠다고 약속하고, 만나고 싶으면 직접 오거나 사람을 보내라고 말한다. 사례로 주는 돈조차 거절한 낸시는 감옥 같은 끔찍한 거처로 돌아가기 위해 발길을 돌린다. 로즈는 정신적으로 기진맥진한다.

로즈와 숙모는 런던에 이틀간 더 머물 예정이다. 로즈는 낸시가 전한 정보를 털어놓고 거기에 대처할 사람으로 누구를 선택할 것인지 난감할 뿐이고, 부탁할 만한 사람들은 모두 그 일에 반대한다. 다음날, 로즈는 해리와 상의할 수밖에 없다는 결론을 내리지만, 편지의 서두를 꺼내는 것이 괴롭다.

그러한 로즈의 고민은 평소와 달리 흥분해서 들어온 올리버에 의해 중단된다. 올리버는 가일즈와 함께 산책하다가 브라운로가 어떤 집으로 들어가는 것을 보았다고 외친다. 가일스는 그곳이 그 신사의 소유라는 사실을 알아냈고, 주소도 확보했다고 한다. 로즈는 이 곤경에서 벗어날 길이 있음을 직감하고 올리버를 브라운로에게 데려가기로 결심한다.

로즈는 혼자서 브라운로의 집으로 들어간다. 브라운로는 그림위그와 함께 있다. 그녀가 올리버 트위스트에 대해 알고 있는 것이 있다고 밝히자 그림위그는 몹시 불안해 하고, 브라운로는 얼른 털어놓기를 기다린다. 로즈는 낸시가 전한 사실은 말하지 않고 두 사람이 올리버를 마지막으로 보게 된 이후 일어났던 일들을 간략하게 들려준다.

그리고 밖에서 올리버가 기다리고 있다고 말한다. 노신사는 집 밖으로 뛰어나가 마차 안을 들여다본다. 그가 올리버를 방으로 데려오자 그림위그도 다정하게 인사를 건넨다. 올리버와 베드윈 부인의 재회는 눈물바다가 된다.

로즈는 은밀하게 낸시가 폭로한 사실들을 브라운로와 상의한다. 브라운로는 로스번에게 그 일을 말해 주고, 메일리 부인에게는 조용히 알리도록 권한다.

사건의 추이를 알게 된 의사는 특유의 성격대로 분개하면서 흥분을 감추지 못한다. 브라운로는 그를 진정시키고는 신중해야 한다고 역설하며, 그 악한들을 법에 고발하면 올리버에게 득이 될 게 없다고 한다. 몽크스만 붙잡으면 된다고 생각한 브라운로는 낸시를 통해 그 방법을 알아내기 위해 다음 일요일까지 조용히 기다리기로 한다. 그때까지는 아무런 조치도 취하지 말고, 올리버에게는 아무것도 알리지 말라고 한다.

모두들 브라운로의 생각을 따르기로 한다. 브라운로는 그림위그에게 동참을 청하고, 로스번은 해리 메일리도 포함시키는 것을 조건으로 동의

한다. 메일리 부인은 올리버를 위한 일에 시간이나 비용을 아끼지 않겠다고 말한다. 브라운로는 자신이 갑자기 외국으로 떠났던 일에 관해서는 당분간 이야기하고 싶지 않다며 그 비밀회의를 마친다.

선과 악의 사자가 맞서는 듯한 낸시와 로즈의 만남은 매우 극적인 장면들 가운데 하나라고 할 수 있다. 비록 낸시의 과장된 언사는 패긴의 부하라기보다는 디킨스의 목소리에 더 가깝게 들리지만 작가는 자신의 존재를 잘 감추고 있다. 처음에 낸시가 취하려고 했던 거만한 태도는 메일리 양의 온화함에 녹아버리며, 그 광경은 그러한 덕성이 지닌 탁월한 힘을 다시 한 번 확인해 준다.

이 장면으로 이어지게 될 기초 작업은 교묘한 예시들을 통해 조심스럽게 준비되어왔다. 낸시의 대담한 행동은 앞서 30여 시간 동안 보여준 이상한 행동들에 대한 설명이 된다. 이제 우리는 낸시가 모자와 숄을 감춘 이유를 알게 된다. 전에 몽크스가 패긴과 만나고 있을 때 벽에 비친 그림자가 바로 그녀였기 때문이다. 나아가서 26장에서 문이 저절로 닫히는 것처럼 보인 까닭도 알게 된다. 낸시가 어두워진 집 안으로 몰래 들어오고 있었던 것. 두 음모자들 사이에 오가는 대화를 두 번째로 엿듣고 난 낸시가 극도로 심란했던 이유는 몽크스가 죄

없는 이복동생을 파멸시키려는 끔찍한 짓을 획책하고 있다는 사실을 알게 되었기 때문이다.

상당한 사실들이 드러나면서 수수께끼가 계속 풀린다. 그러나 독자의 시야에 들어오는 사건들만 드러날 뿐, 그 저변의 이유들은 여전히 비밀에 싸여 있다. 긴장감은 오히려 높아지고 있는데, 등장인물들 사이에 존재하는 혼란스러운 관계를 합리적으로 설명해낼 근거가 없기 때문이다. 더욱이 브라운로가 자신의 행동을 비밀에 부치는 것은 정체되어 있던 수수께끼의 흐름을 다시금 휘저어놓는 격이 된다.

올리버가 브라운로와 베드윈을 재회하는 장면이 얼마나 솜씨 좋게 다루어졌는지 주목해 볼 만하다. 독자들은 늙은 가정부가 올리버를 맞아들이는 다정한 장면을 목격하지만 남자들과 올리버의 만남은 직접 묘사되거나 암시조차 되지 않고 나름의 상상력을 발휘해 보라는 격려나 받을 뿐이다. 아마도 연이어 비슷한 장면을 등장시키는 것이 지나치다고 인식하고, 현명하게도 그 중 하나를 선택한 것이다.

이 부분에서는 범죄자의 비참한 운명을 다시 한 번 강조하고 있다. 사이크스와 낸시가 아주 일상적인 질병, 궁핍, 불결함 속에 처해 있다는 것을 보여준다.(39장) 이보다 한층 심각한 것은 그들과 다른 사람들을 분리해 놓는 장벽이다. 평범한 사람들의 세계에서 소외된 것은 물론, 동료들로부터도 서로에 대한 두려움과 불신으로 격리된다. 동시에 그런 삶으로부터의 탈출은 사실상 불가능하다. 그들 모두는 상호의존이라는 약해빠진 가닥들로 짜여진 하나의 거미줄에 뒤얽혀 있다고 봐야 한다.

이 같은 외부와 내부의 적대감은 사이크스와 낸시 사이에 존재하는, 몹시 개연성 떨어지는 연대가 생겨나도록 만든다. 사이크스는 철저한 현실주의자로 자신의 역할을 논리적 결론에 이르는 지점까지 수행해나간다. 그는 자신의 삶을 포함해서 모든 인간의 삶에 대해 솔직하게 경멸감을 내보이며, 그렇지 않은 척하는 것을 멸시한다. 그러나 그런 지옥 같은 삶 속에서 유일하게 낸시는 신뢰할 수 있다고 믿고, 몇몇 경우에서 그녀를 마지못해 인정하는 것으로 그 사실을 드러낸다. 그들의 관계로 인해 낸시는 그 짐승 같은 인물에게 집착하는데, 이 사내야말로 끈질긴 인간적 욕구를 충족시키는 데 근접하는 유일한 인물이기 때문이다.

Chapters 42, 43

런던으로 도망친 노아

낸시가 로즈를 비밀리에 만났던 그날 밤, 한 쌍의 남녀가 북쪽에서 런던을 향해 오고 있다. 큰 키에 호리호리한 남자는 작은 꾸러미 하나만 들고 있는 반면, 그의 뒤를 따르는 튼튼한 몸집의 젊은 여성은 무거운 보따리를 걸머진 채 터벅터벅 걷고 있다. 노아 클레이폴과 샬럿이다. 지친 샬럿은 얼른 밤을 보낼 곳을 찾고 싶지만, 노아는 발각되지 않을 만한 장소에 이를 때까지 계속 가야 한다고 생각한다.

그들은 붙잡히지 않으려고 돌아가는 길만 골라 여행하고 있다. 샬럿이 소워베리의 금고를 털었기 때문이다.

이 도망자들은 런던에서 가장 혐오스러운 구역으로 나아가고 있다. 노아는 아주 초라해 보이는 선술집 앞에서 멈추라고 말한다. 그곳은 바로 스리 크리플스이다. 바니가 그들을 맞이해 목로 뒤편에 있는 방으로 데려가 먹을 것을 대접한다. 바니의 귀띔에 패긴은 몰래 훔쳐볼 수 있는 위치로 가서 자리를 잡고는 그들을 감시하면서, 허풍을 떨어대는 노아의 말을 엿듣는다. 노아는 샬럿에게 온갖 도둑질에 손을 대어 부자가 되겠다고 장담한다. 악당 무리와 손을 잡아보는 것이 노아의 야망이다. 어쩌면 샬럿이 가진 25파운드짜리 지폐를 처분하는 데도 도움이 될 수 있다면서.

충분히 엿듣고 난 패긴이 문을 열고 안으로 들어간다. 친절한 체하며 말문을 튼 늙은 유태인은 노아가 했던 말 가운데 몇 마디를 정확히 되풀

이하며 협박한다. 그 겁쟁이는 죄가 있는 사람은 샬럿이라며 발뺌하려 든다. 패긴은 자신도 '그런 사업'에 종사하고 있다며 두 사람을 보호해 주겠다고 말한다.

샬럿이 보따리를 힘들게 위층으로 끌어가는 동안, 패긴은 노아를 중요한 인물과 연결될 수 있도록 힘써보겠다고 제안하고, 비용은 20파운드이며 내일 그 사람을 만나게 될 것이라고 한다. 클레이폴은 그 제안을 받아들인다. 이미 패긴의 손아귀에 들어와버렸다는 사실을 깨달았기 때문이기도 하다.

노아는, 능력 있는 샬럿이 돈을 잘 벌어들일 테니 자신은 최소한의 노력과 위험만 감수하면 되는 일들, 가급적이면 '뭔가를 슬쩍하는 등의' 일을 하고 싶다고 말해 본다. 잠시 생각에 잠겼던 패긴은 이 신참의 바람에 꼭 맞는 일을 한 가지 떠올린다. 심부름 가는 아이들을 골라 동전을 훔치고는 후려갈겨 도랑에 처박아버리는 일이다. 노아는 만족스러워하고, 자기들을 모리스 볼터 부부라고 밝힌다.

다음날, 일명 볼터인 클레이폴은 소개해 주겠다던 그 '친구'가 바로 패긴 자신이었다는 사실을 알게 된다. 패긴은 이 사업에서 서로 상대를 보호해 줘야 할 필요성에 대해 유창하게 설교를 해댄다. 그는 이야기에 설득력을 가미하려고 어제 가장 뛰어난 부하 하나를 잃었다면서 슬퍼한다. 바로 소매치기 혐의로 잡혀 들어간 날쌘 도저이다. 그는 "도저는 최소한 무기징역을 받을 걸세"라는 추가 증거까지 들이대고 이야기를 맺는다.

몹시 우울한 모습으로 들어선 찰스 베이츠가 날쌘 도저에게 불리한 증인들 때문에 그 잘난 코담배갑 하나 훔친 죄로 유형에 처해질 게 분명하다고 설명한다. 패긴은 도저가 재판에서 놀랄 만한 수완을 발휘할 게 분명하다며 베이츠의 사기를 돋워준다. 패긴이 누군가가 날쌘 도저에 대

한 소식을 계속 보고해 주기를 원하자 본인의 항의에도 불구하고 볼터가 뽑혀 그 임무를 맡는다. 베이츠가 마부 복장을 한 볼터를 경찰서 어귀까지 안내해 준다.

경찰서로 들어간 노아는 끌려나오는 날쌘 도저를 당장 알아본다. 도저는 건방지게도 증인의 의견을 청취하는 과정을 조롱하려 든다. 증인 하나가 불리한 증언을 하고, 도저는 정식으로 기소된다. 그는 감옥으로 끌려가고, 노아는 그 소식을 패긴에게 알리기 위해 베이츠와 합류한다.

노아와 샬럿의 다급한 런던행은 올리버의 출발점과 런던

사이를 이어주는 또 하나의 연결고리다. 이야기의 전개는 점점 속도가 붙고, 작가는 그것을 표현하기 위해 구체적인 시간적 근거를 제시한다. 몽크스가 범블과 거래하고 하루 뒤에 패긴과 의논한다. 24시간 뒤에 낸시는 로즈 메일리에게 가고, 같은 날 밤 클레이폴 일행은 스리 크리플스에 도착한다.

시골에서 올라온 두 도망자가 악당 패거리가 드나드는 선술집에 들르게 되었다는 사실은 부자연스러운 우연의 일치로 여겨질 수 있다. 그러나 이러한 우연은 어느 정도 해명의 여지가 있다. 두 사람은 사람들 눈에 띄지 않는 도피처를 찾아 대로를 피해 북쪽에서부터 런던으로 진입했기 때문에 법을 우습게 아는 자들로 붐비는 구역을 향해 자연스럽게 이끌리게 되었을 수 있기 때문이다.

노아는 사악한 성격을 충분히 확인시켜준다. 그가 샬럿에게 도둑질한 돈을 갖고 있도록 하는 것은, 여차하면 죄를 뒤집어씌우려는 속셈이 분명하다. 그러나 디킨스가 한 문단이나 할애해서 이 점을 장황하게 비난하기 때문에 그 효과가 반감된다. 한편, 클레이폴이 스스로를 좀도둑에 겁쟁이라고 분류하는 방식에는 정교한 반어법이 존재한다.

패긴은 노아에게 충고하면서, 도둑들의 의리는 서로를 보호해 주는 데 달려 있다고 역설한다. 모두들 교수형 올가미 밧줄로부터 목을 안전하게 지켜야 한다는 공통 목표를 갖고 있다는 것. 이어 그는 도저가 처한 곤경을 농담거리로 만든다.

이것이 교수대 유머*이다.

독자는 작품 전체를 통해 반복적으로 범죄자들이 지닌 도착적인 가치 감각에 대해 일깨워진다. 범죄자들에게 죽음, 체포, 투옥, 처형은 삶의 일상적인 일부다. 분명 이러한 일은 피하는 것이 좋을 뜻밖의 상황이지만, 대부분 피할 수 없는 것이기도 하다. 날쌘 도저가 심문을 받고 있는 즉결 재판소는 '악행이나 빈곤, 혹은 두 가지 모두에 대한 상습적 대면'의 궁극적 종말이자, '먼지로 퇴색된' 벽, '거무튀튀하게 변한' 천장, '연기에 찌든 가슴,' '먼지에 뒤덮인 시계,' '생명을 지닌 모든 것에 생긴 얼룩,' '생명이 없는 모든 물체에 두껍게 앉은 기름때'로 절어 있는 '밀폐되고 건강에 좋지 않은' 공간 안에서 시작되는 마지막 장을 상징적으로 나타낸다.

---

* **교수대 유머**(gallows humor): 심각한 상황에서도 그것을 빈정거림의 소재로 삼는 유머.

Chapters 44-46

 패긴의 음모

패긴과 사이크스는 낸시를 거의 무조건적으로 신뢰하고 있기 때문에 그녀는 그들의 범죄사실을 잘 알고 있다. 패긴에 대한 원한에도 불구하고 낸시는 그의 몰락을 돕지는 않고, 로즈와의 대화에서는 사이크스에게 해가 될 말은 한 마디도 하지 않는다. 그러나 여전히 자신이 가진 생각으로 인해 걱정스럽고 혼란스러워한다.

패긴 일당은 당장 진행중인 일이 없기 때문에 일요일 밤 한가하게 빈둥거리고 있지만 낸시는 초조해 죽을 지경이다. 시계가 열한 시를 치자 그녀는 아무 일도 없는 양 그 방을 나서려고 한다. 평소에 늘 심술궂게 굴었던 것처럼 사이크스가 낸시를 나가지 못하도록 막자 필사적이 되어 신경질을 부린다. 사이크스는 낸시가 자정에 발버둥치는 것을 멈추자 다른 방에 강제로 가둬둔다.

두 남자는 낸시가 그 방으로 다시 들어올 때 그녀의 이상한 행동을 놓고 이야기를 나눈다. 그녀의 기분이 누그러진 게 분명해지자 사이크스는 계단을 내려가는 패긴에게 불을 좀 비춰주라고 한다. 패긴은 저 '짐승 같은 놈'이 너무 심하게 굴면 자기에게 보호를 요청해도 된다고 속삭이고 증오스러운 그자를 없앨 수도 있다고 넌지시 말한다.

패긴은 집으로 걸어오면서 낸시에게 생긴 변화를 곰곰이 생각한다. 낸시가 그 '주거침입 강도의 잔학함에 지쳐' 다른 애정의 대상이 생긴 것은 아닐까. 낸시의 재능을 우리를 위해 쓸 수 있다면 우리에게 유용한 식구가 될 텐데.

패긴 쪽에서 보면 사이크스는 너무 많은 것을 알고 있고, 그의 끊임없는 조롱에 증오심이 불타고 있다. 그날 저녁 패긴은 사이크스의 거처를 나오면서 낸시가 만약 다른 남자를 사귀고 있다면 사이크스의 무지막지한 분노로부터 두 남녀가 성치 못할 것임을 알고 있어야 한다는 생각이 들자 그녀를 어쩌면 독약을 이용한 처형자로 만들 수도 있겠다는 음모를 품게 된다. 낸시는 사이크스를 제거할 수도 있다는 유태인의 암시에 아무런 감정도 내보이지 않는다.

그러자 교활한 늙은 악당은 집을 향해 발걸음을 옮기면서 그녀의 애정이 어디로 쏠려 있는지 알아보기 위해 감시를 붙이기로 계획한다. 그런 식으로 패긴은 '달성해야 할 주요 목표 가운데 하나'인 사이크스의 살해에 그녀가 어쩔 수 없이 연루되도록 만들 힘을 얻게 될 것이다.

다음날 아침, 패긴은 볼터와 비밀리에 상의를 한다. 그는 첫날 작업에서 올린 성과를 축하하는 것으로 말문을 연 다음, 동료들 가운데 한 명을 염탐해서 정보를 빠짐없이 알려달라고 말한다.

노아는 엿새 밤을 마부 복장을 한 채 대기했지만 그 이상의 지시는 받지 못한다. 일요일, 패긴이 노아에게 그녀를 들볶던 자가 밤새도록 집을 비울 테니 분명히 밖으로 나갈 것이라고 말한다.

패긴은 노아를 스리 크리플스로 데리고 간다. 낸시는 패긴이 최근 소워베리 밑에서 일하던 두 사람을 처음 만난 작은 방에 있다. 노아가 비밀 유리창을 통해 낸시를 잘 살펴볼 수 있도록 바니는 낸시의 주의를 흩어놓는다. 낸시가 밖으로 나가자 '진짜로 교활한 도둑'은 그녀를 놓치지 않고 뒤따른다.

자정이 되기 조금 전, 런던 브리지에 도착한 낸시는 강 맞은편 쪽으로 건너갔다가 다시 중간으로 돌아와 시간을 보낸다. 자정 직후 로즈가 브라운로와 함께 도착한다. 촌스런 사람 하나가 통명스럽게 중얼거리며 바짝 스쳐 지나가자 낸시는 두 사람에게 말을 하지 못하도록 막고, 다리 남쪽 끝에 있는 계단을 몇 개 내려가 이야기를 나누자고 제안한다.

낸시의 의도를 알아챈 노아가 먼저 서둘러 계단을 내려간다. 그들은 이 염탐꾼이 숨어 있는 장소에서 얼마 떨어지지 않은 곳에 멈춘다. 브라운로는 이런 상황이 마음에 들지 않았지만, 낸시는 변명하듯 탁 트인 곳에서는 말하기가 두렵다고 한다. "오늘밤은 정말 견디기 힘들 정도로 공포와 두려움이 느껴져요." 이어 그녀는 하루 종일 병적일 정도로 생각과 환상에 시달렸다고 덧붙인다.

낸시는 지난 일요일에 외출하지 못한 이유를 설명하고는 맨 처음 로즈를 만났을 때는 사이크스에게 약을 먹여 잠들게 만들었노라고 말한다. 브라운로는 몽크스에게서 올리버에 대한 비밀을 강제로라도 알아낼 기회가 있었으면 하고, 만약 그 방법이 실패하면 낸시의 도움으로 패긴을 넘겨받았으면 한다고 말한다.

낸시는 자신을 믿고 한편이 되어주는 사람은 어느 누구도 배신할 수 없다며 완강하게 거절한다. 브라운로와 로즈는 만약 낸시가 몽크스를 함정에 빠뜨리는 데 협조한다면 낸시의 동의 없이 패긴을 괴롭히는 일은 없을 것이라고 다짐한다. 낸시는 몽크스에게 정보제공자를 밝히지 않는다는 조건으로 그 제안을 받아들인다.

낸시는 스리 크리플스의 상세한 위치와 몽크스를 가장 쉽게 찾아낼 수 있는 방법을 가르쳐준 다음, 몽크스의 인상착의를 세밀하게 묘사한다. 낸시가 몽크스의 넥타이로 뭔가가 가려져 있다는 말을 하는 순간, 브라운로가 불쑥 끼어들어 "덴 자국이나 흉터처럼 보이는 넓적한 붉은 반점이던가?"라고 묻고는 아무렇지도 않은 듯 넘겨버리려고 하지만, 노아는 "틀림

없이 그자야!"라는 브라운로의 혼잣말을 듣는다.

낸시가 자세한 설명을 끝내고 나자, 브라운로는 그녀가 마음을 고쳐먹도록 하기 위해 애쓴다. 그는 책임지고 그녀가 일당들이 전혀 연락을 취할 수 없는 안전한 장소나 외국에서 살 수 있도록 해주겠다고 말한다. 그러나 낸시는 치욕스러운 죽음 이외에는 모든 것이 너무 늦었다는 확신에서 요지부동이다. 그리고 주는 돈도 마다하면서 대신, 로즈의 소품 몇 가지를 받고 싶다고 말한다.

로즈와 브라운로가 떠나자 낸시는 차가운 계단에 등을 기대고 누워 절망의 눈물을 떨구다가 큰길로 올라선다. 숨어 있던 노아는 '그 자리를 벗어나기 위해 전속력으로' 달린다.

낸시의 내면에 끈질기게 남아 있는 호의적인 특성을 통해 디킨스는 기본적으로 인간의 본성이 선하다는 자신의 신념을 강조한다. 타락한 인물임에도 불구하고 그녀는 올리버가 해를 입도록 내버려두지 않고, 자신을 신뢰하는 악당들도 배신하지 않는다. 이처럼 상충되는 요구 사이에서 접점을 찾아보려고 몸부림쳤던 그녀는 주변 환경의 사악함을 외면하지 않았지만, 그 함정에 갇혀 절대 빠져나갈 수 없다고 느낀다.

런던 브리지 장면에는 신파적 요소들이 아낌없이 들어가 있다. 만남은 어둡고 안개 낀 한밤중에 시커먼 물이 흐르는 강변 근처에서 이루어진다. 그들의 이야기를 교활한 염탐꾼이 따라붙어 엿듣는다. 낸시는 죽음, 관, 피투성이 수의 등의 환상과 함께 사악한 일이 일어나리란 예감으로 미칠 것 같은 고통을 받고 있었다. 이 으스스한 만남이 끝난 후, 악에 물든 여자는 순결한 처녀의 물건을 받고는 차가운 돌바닥 위에 쓰러지듯 눕는다.

이 만남을 통해 브라운로는 몽크스가 예전에 만났던 인물임을 밝혀낸다. 낸시가 설명하는 몽크스의 외모는 39장에서 낸시가 몽크스를 훔쳐보면서 '날카롭고 뭔가를 찾는 듯하며, 의욕이 넘치는' 인물이라고 생각하는 순간을 떠올리지 않는다면 사실 같지 않게 여겨질 수도 있다. 디킨스는 결코 독자들을 속이지 않지만, 의미심장한 단서들을 여기저기 잔뜩 흩어놓았다가 점차 하나의 온전한 형태로 제자리에 들어맞도록 만든다. 이런 기법은 작품을 한 차례 읽고 난 직후 다시 꼼꼼하게 읽어보아야 비로소 그 진가를 알 수 있다.

패긴과 사이크스 사이에 벌어지는 경쟁은 한 차례 결정적 국면에 도달한다. 패긴이 증오하는 동료를 제거하기 위해 선수 치기로 결심하고 중대한 결정을 내리면서 줄거리를 구성하고 있던 갈등의 선들이 빠르게 한 점으로 모이기 시작한다. 몽크스가 올리버에게 품은 악의를 실행에 옮기는 과정은 사이크스와 패긴의 대립과 뒤얽힌다.

Chapters 47, 48

낸시의 죽음

동이 트려면 두 시간 정도 남았다. 밤새 염탐질을 하느라 지친 노아는 잠을 자고 있다. 패긴은 이 염탐꾼의 말을 듣고 악마 같은 분노로 속을 부글부글 끓이면서 앉아 있다. 밤새 일한 전리품을 내놓던 사이크스조차 늙은이의 악마 같은 표정에 놀라 겁을 먹을 정도다.

간신히 말문을 열게 된 패긴은 뭔가 긴박한 일에 대해 전할 말이 있음을 내비친다. 그는 잠 자고 있는 노아가 자기들의 치부를 모두 알고 있으며, 전혀 협박 같은 것을 받지 않고 고의로 폭로했다고 가정해 보라고 한다. 사이크스는 그런 변절자에게는 끔찍한 복수를 해주겠다고 답한다.

패긴은 그들과 친밀한 누군가가 이처럼 비열한 짓을 했다고 생각해 보라며 사이크스의 화를 한층 돋운다. 그러면서 단 한 사람의 이름만 빼고 자신을 포함해서 패거리의 이름을 하나하나 읊어대고는 극적 결론에 돌입한다. "그자는 피곤해―그 여자를 오래 감시하느라고 피곤했지―그 여자를 감시하느라고 말일세, 빌." 그는 노아를 깨운다.

패긴은 아직 졸음이 가시지 않은 노아에게 낸시의 비밀 거래에 대해 다시 한 번 설명해 보라고 요구한다. 그러나 화가 치민 늙은이는 고래고래 소리를 질러대며 노아 대신 직접 대부분의 이야기를 해치운다. 낸시가 로즈를 처음 만나러 가기 위해 사이크스에게 약을 먹여 재웠다는 사실을 노아가 폭로하자, 이 짐승 같은 자가 문을 향해 돌진하지만 금방 열리지 않는다. 평정을 어느 정도 되찾은 패긴은 사이크스에게 '안전을 위해 폭력을 지나치게 사용하지 말 것'을 간청한다. 패긴이 문의 자물쇠를 따주자 사이크스는 아침의 여명 속으로 뛰쳐나간다.

그는 주저하지 않고 집으로 달려가 조용히 방 안으로 들어간다. 그는 잠금장치 두 개를 다 채우고 문 앞에 장애물까지 갖다 막아둔다. 잠에서 깨어난 낸시는 사내가 돌아온 것을 보고 기뻐하다가 뭔가가 잘못되었다는 것을 감지하는 순간, 그녀를 방 한가운데로 끌어낸 그가 헐떡이며 비난을 퍼붓는다. "네가 밤에 하는 짓은 감시당하고 있었어. 네가 한 말 한 마디 한 마디를 모두 엿들은 자가 있단 말이다."

겁에 질린 낸시는 격렬하게 몸부림을 치면서 자기가 그의 목숨을 살려준 것처럼 자기도 살려달라고 간청한다. 그녀는 미친 듯이 애원하면서 먼 곳에서 각기 새로운 삶을 살 수 있도록 브라운로와 다리를 놓아주겠다고 약속한다. 다급해진 낸시는 로즈가 간곡하게 했던 말까지 동원한다. "참회에는 때가 없다"고. 하지만 모두 소용이 없다. 사이크스는 낸시에게 권총 두 발을 쏜다. 낸시는 간신히 무릎을 꿇은 자세로 두 손을—로즈 메일리의 손수건을 쥔 채—애원하듯 쳐든다. 이 끔찍한 광경을 보지 않으려는 듯 한손으로 눈을 가린 살인자가 몽둥이를 집어 들어 최후의 일격을 가한다.

찬란한 햇빛으로 도시의 생명이 다시 깨어난다. 사이크스는 그 죽음의 방 안에 꼼짝도 하지 않고 앉아 있다. 아직 숨이 끊어지지 않은 것 같아 여러 차례 몽둥이질을 더 하고 난 참이다. 그는 자신이 저질러놓은 광경에 움찔한다. 시신을 덮어놓아도 소용이 없고, 시신으로부터 등을 돌릴 수도 없다. 그는 살인 무기를 불태우고는 옷에 묻은 핏자국을 씻어낸 다음, 뒷걸음질로 나가 자물쇠를 채우고는 잡종개를 데리고 그 집을 떠난다.

런던 북쪽의 시골로 도망쳐 하루 종일 망연히 쏘다니던 그는 용기를 내어 요기를 하러 햇필드라는 마을의 작은 선술집으로 가만히 들어가 자리를 잡는다. 선술집 손님들의 산만한 한담은 '반은 행상인이고 반은 거리의 약장수처럼 보이는 익살스럽게 생긴 사내'가 들어오면서 뚝 끊긴다. 그 장사꾼은 어떤 얼룩이건 깨끗이 없앨 수 있다고 보증하는 약의 효능을 시끄럽게 선전한다. 그가 '핏자국도'라는 대목에 이르러 그것을 실연해 보이기 위해 사이크스의 모자를 낚아채자 '끔찍한 저주의 말과 함께' 사이크스가 모자를 다시 빼앗아 그곳에서 뛰쳐나간다.

우체국에 당도한 사이크스는 런던에서 오는 역마차 근처에서 어슬렁거리며 스피탈필드의 살인사건 이야기를 엿들으려 하지만, 사람들이 떠드는 소리는 역마차가 출발해 버리면서 끊긴다. 사이크스는 힘없이 세인트알반스를 향해 발길을 돌린다.

우중충한 길을 혼자 걷고 있는 이 살인자의 등 뒤에는 항상 낸시의 망령이 따라다닌다. 그는 점점 커지는 공포감에 괴로워하며 잠이라도 좀 자두려고 컴컴한 헛간으로 들어가지만 낸시의 '커다랗게 뜨고 노려보는 광택 없고 흐리멍덩한 두 눈'의 환영에 시달린다.

거세게 몰아치는 밤바람을 가르며 멀리서 울음소리가 들려온다. 사이크스는 소리가 나는 쪽으로 달린다. 큰 불이 나서 한창 불길이 번지고 있다. 그는 강박관념에 사로잡힌 듯 낸시 생각에서도 벗어나고 사람들과도 어울리기 위해 밤새도록 무모할 정도로 그들을 돕는다.

그렇게 분주하게 움직이다가 잠시 쉬고 나자, 양심의 가책이 한층 새로워진 강도로 다시 시작된다. 불을 끄던 사람들과 함께 음식을 먹는 동안 그는 체포의 손길이 시골에도 뻗쳐 있다는 이야기를 엿듣게 된다. 사이크스는 런던으로 돌아가는 것이 최상책이란 결론을 내린다. 패긴에게서 자금을 좀 빼앗아내면 어떻게든 프랑스까지는 도망칠 수 있을 터.

범인 수배를 위한 인상착의에 개에 대한 언급이 나올 가능성도 있기

때문에 개를 물에 빠뜨려 죽이기로 작정하고는 묵직한 돌을 손수건으로 잡아맨다. 내키지 않는 듯 주인에게 다가오는 개는 위험을 감지한 듯하다. 사이크스가 목에 올가미를 씌우려 하자 개는 껑충 뛰어 뒤로 물러났다가 도망쳐버린다. 한동안 개를 기다리던 사이크스는 혼자 길을 재촉한다.

　　낸시의 마음을 따스하게 만들어주는 동정심의 불꽃 하나가 목숨을 희생시키는 번제*에 불을 당기는 격이 된다. 패긴과 사이크스에게는 양심이 존재하지 않으며, 낸시의 호의는 전혀 고려되지 않는다. 그들의 규율을 어긴 낸시의 가증스러운 범죄는 정상참작의 여지가 없다. 패긴은 사이크스가 낸시의 범죄를 인정하도록 만드는 데 무시무시할 정도의 간교함이 더해진 왜곡된 지식을 활용한다. 그 늙은이는 자신이 상대하고 있는 자가 누구인지, 그리고 자신이 예상하는 결과를 얻을 수 있는 방법이 무엇인지를 확실히 알고 있다.

　　점점 격렬해지는 사이크스의 분노는 끔찍한 불행에 의해서만 사라질 수 있는 지속적인 긴장감을 만들어낸다. 배신에 대한 보복으로 저질러진 낸시의 살해는 피할 수 없는 결과다. 그녀의 마지막 순간은 커다란 연민을 안겨준다. 참회의 힘에

---

* **번제(燔祭):** 구약 시대 하나님께 바치던 제사의 하나. 짐승을 통째로 구어 제물로 바침.

대한 그녀의 무익하고 때늦은 호소 속에는 얄궂은 애처로움이 존재한다. 그녀는 좀처럼 즐길 수 없었던 태양을 마지막으로 보는 것마저도 거부된다. 모든 것을 되살려내는 새벽 햇살과 낸시의 허비된 삶이 마지막 숨을 내쉰 장막이 쳐진 집 사이에서는 아주 고통스러운 대조가 보인다.

사이크스가 끔찍한 범죄를 저지르고 느끼는 기분은 보통 살인범들의 반응을 그대로 나타낸다. 처음 몇 시간 동안 그는 무슨 짓을 저질렀는지 거의 깨닫지 못하는 일종의 멍한 상태에서 헤매고 다닌다. 그러다가 어둠이 찾아오고 나서야 그 일을 생생하게 떠올리고는 자기 처지를 제대로 깨닫게 된다. "살인자들이 법의 심판에서 벗어날 수 있다고 말하지 말며, 신의 섭리가 잠들어 있다고 말하지 말라." 그는 죄를 지었다는 자각과 위기감에 견딜 수 없을 정도가 된다. 사회가 살인자에게 부과하는 소외야말로 가장 쓰라린 처벌이다. 그의 오명이 주는 공포감으로 동료 인간들은 그를 고립시킨다. 그 형벌의 가혹함은 화재에서 그가 기꺼이 도움의 손길을 뻗으려 하는 데서 입증된다. 단지 사람들 가까이 다가가고, 불을 끄는 동안 살인에 대한 기억을 잠시나마 잊고 싶은 것이다. 모든 인간에게 경멸감 이외에는 아무것도 보여준 적이 없는 이 뻔뻔한 사회의 적이 다른 사람들을 돕는 모습은 전례가 없는 장면이다.

48장 말미에서 그는 역설적인 입장에 처하게 된다. 자기에게 애정을 지녔던 사람은 충동적으로 살해하고, 자신을 위험에 빠뜨릴 수 있다고 개를 죽이려 들지만 실패하니 말이다.

Chapter 49

 몽크스가 털어놓는 비밀

　땅거미가 질 무렵, 브라운로가 집 앞에서 멈춘 마차에서 내린다. 함께 내린 건장한 사내 두 사람이 네 번째 승객을 억지로 집 안으로 데려간다. 바로 몽크스이다. 밀실로 들어가는 입구에 이르러 몽크스가 갑자기 멈춰서서 버티자 브라운로가 최후통첩을 한다. 몽크스는 그 집으로 오는 것을 마지못해 동의했었다. 브라운로는 협조를 하거나, 아니면 놓아줄 테니 '사기 및 강도 혐의로' 법의 처벌을 받든지 양자택일 하라고 말한다.

　겁에 질린 그가 더듬거린다. "그런 건 없나요—그 두 가지의 중간 정도 되는?" 브라운로는 다른 선택이란 있을 수 없고, 길게 생각할 시간도 없다고 단호하게 대답한다. 몽크스가 방 안으로 들어간다. 집 주인은 함께 온 두 사람에게 밖에서 문을 걸어 잠그고, 벨을 울려 부를 때까지 기다리라고 지시한다.

　두 사람만 남게 되자 몽크스가 불평을 늘어놓는다. "아버지의 가장 오랜 친구라는 분께 받는 대접 치고는 좀 지나치군요, 선생님." 노신사는 그나마 온정을 베푸는 것은 부친과의 우정 때문이라고 대답한다. 몽크스의 부친은 소년 시절에 한 명뿐인 여동생—브라운로가 결혼하게 될 여자—을 잃었다. 그 이후로 브라운로는 죽은 약혼녀의 오빠 또한 세상을 떠날 때까지 아주 가깝게 지냈다. 그는 몽크스를 본명인 에드워드 리포드라고 부르며 열정적인 서두를 마무리한다.

이따금씩 몽크스가 내뱉는 짜증 섞인 의견과 그리 강하지 못한 부인에 말이 끊기지만, 브라운로는 현재의 뒤얽힌 상황에 대해 상세히 설명한다. 브라운로의 친구는 아주 어린 나이에 '가장 지저분하고 편협한 야망,' 즉 가문의 명예와 관련된 정략결혼으로 내몰렸다. 그 결과로 생겨난 유일한 혈육이 바로 몽크스였다. 서로에 대한 부부의 무관심은 참을 수 없는 증오로 발전해 결국에는 별거하게 된다. 유럽 대륙으로 떠난 여자는 열 살 연하인 미숙한 남편을 잊어버렸다.

시간이 흘러 그가 31세가 되었을 때, 새로운 인연이 맺어졌다. 15년 전, 몽크스가 대략 열두 살 정도였을 때 일이다. 브라운로의 친구는 아내를 잃고 두 딸과 살고 있는 퇴역 해군 장교와 친해졌다. 맏딸은 19세의 꽃다운 나이였고, 막내는 겨우 두세 살 정도였다. 1년이 채 안 되어 맏딸과 친구는 결혼을 맹세한 사이가 되었다.

남자는 세상을 떠난 친척으로부터 재산을 상속받기 위해 곧장 로마로 떠났고, 그곳에서 중병에 걸렸다. 파리에 있던 몽크스의 생모가 그 소식을 듣고 아들과 함께 찾아간 다음날 남편은 세상을 떠났다. 유언장 같은 것은 없었기 때문에 모든 재산은 그들 모자에게 돌아갔다.

이 단계에 이르자 몽크스는 안도하는 것처럼 보인다. 브라운로는, 친구가 영국을 떠나기 전에 장교 딸의 초상화를 자기에게 맡겼다며 이야기를 계속한다. 당시 몽크스의 부친은 해외 이주에 앞서 합법적인 아내와 자식의 부양 문제를 놓고 막연하게 이야기를 했다. 그 후 브라운로는 친구를 다시 만날 수도, 소식을 들을 수도 없었다. 뒤에 가서 브라운로는 고인이 된 친구가 사랑했던 사람을 찾아보려고 애썼지만, 그 가족이 사라진 뒤였다. "왜, 혹은 어디로 떠났는지는 아무도 몰랐다."

올리버가 도둑들에게 다시 붙잡히기 전까지 거처를 제공한 사람이 자신이라고 브라운로가 밝히자 의기양양하던 몽크스의 표정이 실망으로 바뀐다. 브라운로는 올리버가 그 불행한 여인의 초상화와 어딘지 모르게 닮았다고 언급한다. 올리버를 다시 찾을 수 없었던 브라운로는, 모친이 죽고 나서 서인도제도로 떠난 몽크스만이 그 수수께끼를 밝힐 수 있으리란 판단에 그곳까지 갔으나 몽크스가 런던으로 간 것 같다는 사실만 알아냈을 뿐이다. 그리고 끈질기게 추적을 계속했으나 그를 따라잡을 수가 없었다―두 시간 전까지는.

이야기를 듣고 있던 몽크스는 들을 만큼 들었다는 생각에 대담하게도 도전적인 자세가 된다. 그는 초상화와 올리버 사이에 닮은 점이 있다는 인식은 아주 하찮은 증거이고, 특히 브라운로는 그 두 사람 사이에 아이가 있었는지에 대해서도 모르는 상황이 아니냐고 지적한다. 브라운로는 이제야 온전한 진실을 알게 되었다고 단언하면서 격한 어조로 말한다. "유언장은 있었네. 그걸 자네 모친이 파기함으로써 그녀의 죽음과 함께 그 비밀과 득이 자네에게 돌아간 거지."

분개한 브라운로가 몽크스가 범블 부부의 면전에서 로켓을 강에 던지고 나서 했던 말을 하자 당황스러워한다. 브라운로는 그를 무자비하게 매도하고, 윤리적으로는 낸시의 살해에 종범이란 점을 상기시키면서 몽크스와 패긴 사이에 오간 것을 모두 알고 있노라고 주장한다. 브라운로의 전술이 효과를 발휘하고, 몽크스는 무너진다.

몽크스는, 증인들 앞에서, 그리고 문서로, 모든 사실을 털어놓기로 동의한다. 브라운로는 파기된 유언장에 명시된 조건에 따라 지금까지 기만당한 올리버에게 재산을 돌려준다는 조항을 넣도록 요구한다. 몽크스는 다시 약간의 저항을 시도한다.

그때, 잔뜩 흥분한 상태로 들어온 로스번이 사이크스의 개가 발견되었고, 그 주인도 근처에서 곧 붙잡힐 것이라고 단언한다. 해리 메일리는 추격대에 합류한 상태다. 의사는 패긴도 체포될 게 확실하다고 말한다.

모든 이야기를 듣고 난 몽크스는 방면시켜준다는 조건을 받아들이고, 브라운로는 비밀을 지켜주기로 약속한다.

몽크스는 혼자 방 안에 갇힌다. 브라운로는 서둘러 의사에게 자신의 계획이 성공을 거뒀다고 말한다. 그로부터 이틀 후에 회의를 갖자는 약속이 잡힌다. 브라운로는 '살해된 가엾은 피해자에 대한 복수로 피가 끓어올라' 사이크스를 잡는 사람에게 제공될 100파운드의 현상금에 50파운드를 더 내겠다고 말한다.

이 결정적인 장에서는 크고 작은 수수께끼들이 풀려나가는 순수한 극적 형식을 보게 된다. 올리버의 용모와 브라운로 저택에 있는 초상화 주인공의 닮은 점, 브라운로가 아무런 설명 없이 런던을 떠났던 이유, 그와 몽크스의 관계, 몽크스가 올리버를 상대로 악행을 저지른 이유, 몽크스가 손에 넣으려고 기를 썼던 반지에 담긴 사건의 의미 등등이 밝혀지는 것.

비록 이야기의 시작 부분에서는 주인공의 출생부터 시간 순서로 자세한 설명이 이어질 것 같다는 인상을 받았지만, 시작 장면까지 이어지는 사건의 사슬이 25년도 넘는 세월 이전으로 거슬러 올라가 움직이고 있다는 것을 알게 된다. 플래시백 기법은 등장인물들의 관점에 맞춰 과거의 필수적인 내용을 제공하는 데 사용한다. 내용의 신뢰성은 상반되는 이해관계를 가진 인물들 사이에 존재하는 일치된 의견에 의해 강화된다.

　브라운로가 극악한 범죄자와 형량을 놓고 교섭하고 결론을 내리는 정도로까지 임의로 제재를 가하는 모습을 보면 다소 혼란스럽다. 독자는 디킨스의 철학이 지닌 대담함으로 간주하면 된다. 따뜻한 정의의 신속한 이행을 위해서는 삐거덕거리는 법률의 불확실한 실행보다는 정의감에 불타는 개인의 직접 개입을 신뢰했던 것이다.

Chapter 50

 사이크스의 죽음

    템스 강 남쪽 강가로 그 강줄기에서 가장 지저분한 지역에 섬 하나가 딸린 만이 있다. 제이콥스 섬은 밀물 때가 되면 폴리 도랑의 탁한 물에 둘러싸인다. 섬에는 허물어져가는 창고들과 사람이 살지 않는 집들이 있다. 그 지역 전체는 '혐오스러운 갖가지 빈곤의 외형들, 역겨운 온갖 더러움, 부패, 쓰레기의 징후'에 의해 제 모습을 잃은 곳이다. 집들은 절박한 상황이나 극도의 빈곤으로 내몰린 사람들이 아니라면 더 이상 살지 않는 곳이 된 지 오래다.

    폐허가 된 규모가 큰 집들 가운데 한 곳의 위층 방에 걱정스러운 기색이 역력한 세 사람이 모여 있다. 토비 크래킷, 치틀링, 그리고 유형지를 탈출해 영국으로 잠입한 중년의 죄수 캐그스이다. 크래킷은 최후의 수단으로 이 은신처를 택했다.

    치틀링은 패거리에 닥친 재앙을 설명한다. 패긴은 두 시경에 체포되었다. 노아 클레이폴도 비슷한 시간에 붙잡혔지만 치틀링과 베이츠는 빠져나왔다. 낸시의 시신을 확인하러 갔던 베시는 제정신을 잃고 구속복을 입은 채 병원으로 실려 갔다.

    이전에 종범으로 재판 경험이 있는 캐그스는 패긴이 엿새 이내에 재판을 받고 교수형에 처해질 것이라고 예측한다. 치틀링은 패긴을 공격하고 야유하려고 모여든 군중이 경찰과 몸싸움을 했던 모습을 설명한다. 경관들은 잔뜩 얻어맞은 악당을 성난 군중으로부터 구해내기 위해 그의 주위에 저지선을 구축해야 했을 정도였다.

사이크스의 개가 그 방으로 들어온다. 먼 길을 달려오느라 더러워진 개는 지쳐 헐떡인다. 그들은 혹시 사이크스가 그곳에 합류하게 되지 않을까, 걱정하고, 사이크스가 개를 남겨둔 채 영국을 떠났을 것이라고 자기들 편한 대로 결론을 내린다.

날이 어두워지자 세 사람은 '지난 이틀 동안의 끔찍했던 사건들'로 두려움에 떨며, 한데 모여 웅크리고 있다. 문을 두드리는 소리가 들린다. 개가 열심히 킁킁거리는 것으로 보아 베이츠가 아닌 것은 분명하다. 그들은 마지못해 숨죽인 목소리의 주인공을 안으로 들어오게 한다. '사이크스라는 바로 그 유령'이다. 긴장된 분위기가 감돌고, 나누는 대화도 부자연스러워진다.

돌아온 찰스 베이츠는 사이크스에게 "이 괴물 같은 자식!"이라며 그와 만나는 것을 꺼리고, 대담하게도 사이크스를 경찰에 넘겨야 한다고 주장하면서 도와달라고 소리를 지르기 시작한다. 이어 그는 살인자에게 달려들고, 두 사람은 격렬하게 싸운다. 크래킷은 밖에서 시끄러운 소리가 들려오자 사이크스를 베이츠에게서 떼어놓는다.

경관들이 문을 두드리기 시작한다. 베이츠는 그들에게 문을 부수라고 외쳐댄다. 사이크스는 베이츠를 붙잡아 빈 방에 가둔다. 다른 사람들은 아래쪽 문과 창문들은 튼튼하며 잘 잠가놓았다고 사이크스를 안심시킨다. 창가로 다가간 사이크스는 엄청나게 모여든 분노한 군중을 향해 도전적으로 고함을 질러댄다. 그는 집 뒤쪽에 있는 폴리 도랑으로 뛰어내려 탈출하겠다면서 밧줄을 내놓으라고 한다.

베이츠가 감금된 방의 작은 창구멍을 제외하면 건물 뒤쪽의 창문들은 모두 벽돌을 쌓아 막아버린 상태다. 베이츠가 구멍을 통해 건물 뒤편을 감시하라고 소리치자 사람들이 건물 뒤편으로 몰려든다.

사이크스는 지붕 위로 올라가 가장자리를 넘겨다본다. 썰물이라 도랑에는 물이 없다. 점점 늘어나는 군중은 살인자의 뻔한 의도가 좌절되자 크게 기뻐한다. 한 노신사가 사이크스를 생포하는 사람에게 50파운드의 현상금을 주겠다고 선언한다. 경찰이 그 집 앞쪽부터 부수기 시작하자, 구경꾼들은 그쪽으로 다시 가려고 미친 듯 돌진한다.

사이크스는 어둠과 혼란을 틈타 빠져나갈 기회를 잡으려고 지붕 꼭대기에서 내려가기로 마음먹는다. 밧줄 한쪽 끝을 굴뚝에 잡아매고 칼을 든 채, 직접 만든 올가미 매듭 안으로 두 팔을 집어넣으려는 순간에 힐끗 뒤를 돌아본 그는 비명을 지른다. "또 저 눈이!" 목이 올가미에 걸린 그는 균형을 잃고 10여 미터 높이에서 추락해 사형집행인의 일을 덜어준다.

작은 창문을 통해 밧줄에 매달린 사이크스의 몸뚱이가 흔들거리는 모습을 본 베이츠는 자신을 꺼내달라고 외친다. 지붕에 숨어 있던 개는 주인의 어깨를 겨냥해 뛰어내리다가 빗나가 도랑으로 떨어지면서 돌에 부딪혀 죽는다.

소설이 결말을 향해 치달으면서 해설의 속도가 빨라진다. 변화무쌍한 사건들이 연달아 빠르게 전개되면서 이야기가 흥미진진해진다. 더욱이 독자는 여러 장소에서 동시에 중요한 사건들이 전개되고 있다는 것을 안다.

이제까지 한패였던 자들이 사이크스를 받아들이지 않으

려고 하는 모습에서 우리는 이 살인자가 얼마나 철저하게 소외되는가를 또 한 번 보게 된다. 그는 서로간의 이득이 되는 유대관계를 끊으려는 행동으로 이제는 같은 부류의 사람들에게서까지 밀려난 상태다. 한 목소리로 처벌을 외치는 군중의 함성은 인간의 생명을 빼앗은 행위에 대한 보편적 비난을 분명하게 나타낸다.

사이크스의 치욕스러운 이력을 보여주는 마지막 장면은 지극히 혐오스럽다. 군중을 향한 그의 도전적인 고함은 얄궂은 비꼬임이 담겨 있다. "언젠가는 네놈들을 속여 넘기고 말겠어!" 이 도망자가 무너져가는 건물의 지붕에서 꼼짝 못하게 된 것을 보고 군중이 피에 굶주린 함성과 비명을 질러대면서 신파적 요소의 정점에 도달한다. 낸시의 망령에 겁먹은 살인자가 미끄러지면서 떨어져 죽는 것은 '시적 정의*'에 대한 전통적 개념을 어느 정도 만족시킨다. 이어 흉하게 생긴 개의 으스스한 죽음은 이 신파극을 부조리의 영역까지 밀어낸다.

---

* **시적 정의**(poetic justice): 문학 작품의 등장인물이 자신이 저지른 행위에 대해 합당한 대가를 치러야 한다는 것. 권선징악(勸善懲惡)이나 인과응보(因果應報).

Chapter 51

귀향

이틀 후, 마차 한 대가 올리버가 태어난 곳을 향해 달리고 있다. 올리버는 메일리 부인, 로즈, 로스번, 베드윈과 함께 그 마차에 타고 있다. 브라운로는 다른 사람과 4륜 마차를 타고 그 뒤를 따른다.

브라운로의 노력은 올리버와 숙녀들도 알게 되었지만, 긴장감을 일으킬 만큼 충분히 설명되지 않은 부분이 남아 있다. 동시에 그들은 지난 며칠 동안 상황이 얼마나 무시무시하게 돌아갔는지도 모르고 있다.

올리버는 옛 장소들을 알아보기 시작하면서 흥분에 휩싸여 있다. 그의 머릿속에 맨 처음 떠오른 생각 하나는 꼬마 딕이다. 올리버는 친구를 구해내 메일리 가문의 시골 휴양지에서 자기가 누리고 있는 것과 같은 삶을 살도록 해주겠다는 결심을 말한다. 올리버가 낯익은 경치에 탄성을 내지르는 가운데 소읍에 도착하는 모습은 개선장군의 입성과도 같다. 그곳은 '모든 것이 바로 어제 떠났던 것처럼' 그대로지만 기분 좋은 귀향이다. 일행은 가장 좋은 호텔로 가서 그림위그의 정중한 영접을 받는다. 방이나 식사 등 모든 것이 이미 준비되어 있다.

그런데도 저녁식사 시간의 분위기는 수수께끼와 긴장감이 흐른다. 브라운로는 일행과 합류하지 않는다. 부산하게 드나들던 로스번과 그림위그는 이야기를 하겠다며 잠시 자리를 비우기도 한다. 메일리 부인도 불려나갔다가 한 시간 후에 퉁퉁 부은 눈으로 돌아온다. 로즈와 올리버는 완전히 잊혀진 존재처럼 보일 정도다.

　마침내 저녁 아홉 시가 되자, 남자들은 또 다른 사내를 방으로 데리고 들어온다. 올리버는 깜짝 놀란다. 형을 만나게 되리란 말을 이미 듣고 예상했던 일이지만, 읍내 장터에서 마주쳤고 나중에는 패긴과 함께 자기 방 창문을 들여다보던 그자가 아닌가. 브라운로는 서류를 들고 다가서면서 몽크스에게 비록 위임장은 런던에서 작성을 끝냈으나 이곳에서 상세한 부분을 검토할 필요가 있다는 점을 알린다. 몽크스는 일을 신속하게 마무리 지어달라고 요청하고, 그 말에 따르려는 듯 브라운로는 회의 시작을 알린다. "이 소년은 자네의 이복동생일세. 자네의 부친이자 내 친구 에드윈 리포드의 서자라네. 모친은 그를 출산하다 젊은 나이에 세상을 뜬 가엾은 애그니스 플레밍이지."

　몽크스는 비아냥거리듯 그 말을 확인하고, 합의했던 대로 서류에 기록된 내용을 요약하기 시작한다. 그는 부친의 죽음과 관련된 부분을 자세히 설명한다. 에드윈 리포드는 아프기 시작한 날짜로 된 문서를 두 통 남겼다. 그것들은 작성자가 죽기 전까지는 발송하지 말라는 부전*과 함께 브라운로 앞으로 주소가 기입되어 있었다.

　첫 번째 문서는 애그니스 플레밍에게 보내는 편지로, 당시 그녀는 임신 수개월째로 접어들고 있었다. 그녀는 당장 결혼하기에는 모종의 장애가 있다는 리포드의 암호 같은 설명을 신뢰했다. 그는 로켓과 자기 이름을 새겨 넣을 자리를 비워둔 결혼반지에 대해서도 언급했다. 그 편지는 두서없고 반복적인 후회와 고결한 동기를 고백하는 내용으로 채워져 있었다. 몽크스가 읽기를 멈추자 올리버는 눈물을 줄줄 흘리며 울고 있다.

---

* **부전(附箋)**: 서류에 간단한 의견을 적어 덧붙이는 쪽지.

브라운로는 유언장 문제를 검토한다. 죽어가던 아버지는 아내로 인한 불행과 '아비인 자신을 증오하도록 훈련된' 아들 에드워드의 사악한 천성을 언급하고 있다. 그는 두 사람에게 각각 800파운드씩의 연금을 남겼다. 대부분의 재산은 애그니스 플레밍과 태어날 아이가 만약 성년까지 생존한다면 분할해서 지급하도록 되어 있다. 딸이 태어나면 무조건 상속을 받는다. 아들이면 '성년에 이르러 공개적으로 불명예가 되는 행위, 비열함, 비겁함, 혹은 잘못된 행동 등으로 이름을 더럽히지 않아야만' 상속받을 수 있다. 이 마지막 조항은 애그니스 플레밍의 아들이라면 어머니의 고결한 선량함을 나눠 가졌으리란 확신의 표현이었다. 만약 이러한 기대가 충족되지 못하면, 유산은 몽크스에게 돌아간다.

몽크스는 어머니가 그 유언장을 태워버린 것은 적절한 행동이었다며 끼어든다. 그러나 그 편지만은 리포드와 애그니스의 난잡한 관계에 대한 문서가 필요할 경우를 대비해서 간직하고 있었다. 애그니스의 고백을 들은 그녀의 아버지는 웨일스로 이사하고 이름을 바꿔버렸다. 그녀는 집을 나왔고, 아버지는 딸이 어디 가서 자살해 버렸을 것이란 확신이 들 때까지 계속 찾아다녔다. 희망을 잃어버린 아버지는 집으로 돌아가 세상을 떠났다.

브라운로는 여러 해가 지나 에드워드 리포드의 어머니가 자기를 찾아왔었다는 이야기를 한다. 그녀는 열여덟 살짜리 아들이 자기 돈을 훔쳐 런던으로 도망가서 쓰레기 같은 인간들과 어울려 2년을 보냈다고 했다. 불치병에 걸려 있던 그녀는 아들을 바로잡고 싶어 안달이었다. 아들은 프랑스에서 어머니와 재회했다.

몽크스는 어머니가 죽기 전에 모든 비밀을 털어놓았다고 말한다. 그녀는 애그니스가 자살했을 것이라는 이야기는 납득할 수 없었고, 오히려 그녀에게서 태어난 사내아이가 생존해 있을 것이라는 생각에 사로잡혀 있었다. 몽크스는 그런 아이가 발견되면 무자비한 증오심으로 끝까지 추적해서 찾아내겠다고 맹세했다. "엄마 말이 옳았어… 내가 시작은 잘 했는데…"

브라운로는 패긴이 예전에 몽크스와 한패였으며, 올리버를 파멸시킬 음모를 꾸미는 대가로 넉넉한 돈을 받았다는 이야기를 덧붙인다. 올리버가 안전하게 구출되면 보수의 일부를 반환하는 조건이었으며, 그런 이유로 두 공모자가 시골로 올리버를 확인하러 갔던 것이다.

브라운로가 로켓과 반지 이야기를 듣고 싶어하자 몽크스가 간단하게 진술한다. 그림위그가 범블 부부를 데리고 들어온다. 그 부부는 몽크스뿐만 아니라 로켓과 반지에 대해서도 전혀 모른다고 말한다. 이어 빈민 여성 둘이 들어온다. 샐리가 죽을 때 문 밖에 서서 안에서 나누는 이야기를 들었던 사람들이다. 여감독이 시신에서 전당표를 빼내 갔으며, 다음날 전당포에서 저당 잡혀 있던 로켓과 반지를 찾아왔다는 사실도 알고 있다. 샐리는 죽음이 가까워지고 있다는 느낌이 들어서였는지, 그들에게도 젊은 여자가 연인의 무덤에 가보고 싶어했다는 이야기를 했었다.

이러한 증언에 따라 범블 부부는 일체를 인정한다. 브라운로는 이 부부 중 누구도 앞으로는 감독직을 맡지 못하도록 만들겠다고 말한다. 처음에 범블은 '교구 직원' 자리를 잃게 되리란 사실을 이해하지 못하고, 아내에게 책임을 떠넘기려다가 여의치 않자 '법은 당신 부인이 당신 지시에 따라 행동한다고 추정한다'는 법 조항에 악담을 퍼부으며 밖으로 나간다.

브라운로는 로즈와 관련된 이야기가 나오게 될 것임을 암시한다. 그가 애그니스의 여동생 소식을 묻자 몽크스가 대답한다. 퇴역 장교가 세상을 떠난 후, 그 아이는 어떤 시골 사람들이 맡았고, 브라운로는 소재를 파악하지 못했지만, 몽크스의 어머니는 알아냈다. 그녀는 앙심을 품고 거짓말과 속임수를 써서 양부모가 그 아이에게 안 좋은 편견을 갖도록 만들었다. 애그니스가 유혹에 빠져 신세를 망쳤다고 과장하면서 그녀의 여동생은 사생아라고도 했다. 그 말에 아이는 비참한 삶을 살아가는 처지로 전락했다가 메일리 부인의 눈에 띄어 데려오게 되었다. 2, 3년 후, 몽크스는 아이의 행방을 놓쳤고, 최근까지 다시 볼 수 없었다. 이러한 놀라운 사실이 폭로되자 메일리 부인, 그녀가 조카로 받아들인 로즈 그리고 로즈에게 새롭게 생긴 조카 올리버는 깜짝 놀란다.

"로즈, 난 모든 걸 알고 있소"라며 해리 메일리가 그녀에게 다가간다. 로즈는 그에 대한 마음은 변함이 없다고 확실히 밝힌다. 그녀의 배경에는 여전히 치욕스러운 부분이 존재하기 때문이다. 해리는 자신의 신분을 그녀의 것에 맞춰 바꿨기 때문에 '따뜻한 마음과 가정' 이외에는 아무것도 줄 수 없다고 선언하고, 그녀가 거절하기 전에 덧붙인다. "나는 당신에게서 떠날 때 우리 사이에 놓인 보이지 않는 장벽들을 모두 무너뜨리겠다고 굳게 다짐했소. 내 세계가 당신 것이 될 수 없다면, 당신 세계를 내 것으로 만들기로 결심한 거요." 그는 마을 목사가 되기 위해 모든 직위와 권력과의 유대를 단절해 버린 터였다.

장래를 약속한 두 남녀는 저녁식사를 하기 위해 다른 사람들과 합류한다. 이어 건배와 축복의 말들이 오가지만 올리버에게 그 즐거움은 가엾은 친구 딕의 죽음에 대한 슬픔으로 온전한 것이 되지 못한다.

이 장에서 이 이야기에 남아 있는 틈새들이 모두 채워진다. 작가는 이야기의 반복을 최소화하는 한편, 모든 등장인물들에게 새로운 사실을 설명해 주면서 단계적으로 교묘하게 조각들을 끼워 맞추고 있다. 이 과정에서 로즈 메일리의 출신에 드리워져 있던 그늘이 걷히면서 마지막 수수께끼가 풀린다. 브라운로가 마지막 대면에서는 이 숙녀에게 아주 '굳은 결의가 필요하게 될'지도 모른다고 추정하는 데서 암시되는 그것이다.(49장)

해리 메일리가 소박한 성직자가 되기 위해 세습 지위를 포기하는 장면에는 극적 향취가 존재한다. 당시 영국 대학교의 교육은 기본적으로는 교회에 관한 것이었기에 학위를 가진 사람은 언제든 성직에 취임할 자격을 갖춘 것으로 여겨질 수 있었다는 점에 주목해야 한다.

법이 사랑하는 신부에 대해 그가 일말의 권한이라도 갖고 있다고 추정한다면 그 법은 멍청한 것이라고 범블이 단언하는 장면에는 아주 재미난 비아냥이 존재한다. 범블의 입장이 지

닌 얄궂음은 만약 그의 우둔함을 꿰뚫을 수만 있다면 그야말
로 강림할 것이 틀림없다.

　　이 작품은 질서와 공평함의 상태가 회복된 이 시점에서
마무리가 된 것으로 여겨질 수 있다. 한 여자만을 사랑하던 남
자는 세상에서 둘도 없는 그녀를 아내로 맞이한다. 악당들의
흉계는 좌절되고, 정직한 사람은 보답을 받는다. 이 장이 끝나
면서 미래의 행복을 예상할 수 있는 현재의 즐거움은 기정사
실이 된다. 그러나 태양이 인간의 즐거움에 빛을 던져주는 동
안에도 구름은 언제나 주위를 떠돌면서 그늘을 드리울 준비를
하고 있는 법. 작가는 "가엾은 딕이 죽었어요!"라는 애처로운
내용으로 이러한 금언을 다시 한 번 떠올리게 한다.

Chapter 52

 패긴의 최후

법정은 방청객들로 꽉 들어차고, '창공에 밝게 빛나는 반짝이는 눈들'이 모두 패긴에게 고정되어 있다. 판사가 배심원단에게 그의 죄상을 낭독하는 동안, 피고는 일말의 희망이 있을까 싶어 배심원들의 얼굴을 살펴본다. 그리고 방청객들을 둘러보면서 그의 처형만을 바라는 한결같은 마음만이 존재할 뿐임을 깨닫는다. 배심원단이 퇴정한 사이, 그는 비록 '그의 발치에 다가와 있는… 가혹하고 저항할 수 없는 죽음의 느낌'으로부터 한 번도 자유로웠던 적이 없었음에도 불구하고 하찮은 생각에 사로잡혀 있다.

배심원단이 다시 들어와 착석하고 평결이 낭독된다. 유죄다. 패긴의 사형이 월요일에 집행될 것이라는 말에 방청객들의 환호성이 일면서 메아리처럼 법정 밖의 사람들에게서도 환성이 터져 나온다. 패긴은 하고 싶은 말이 있느냐는 질문에 자신은 그저 늙은이일 뿐이라고 답한다. 사형이 선고되는 동안 그는 아무 말 없이 미동도 하지 않고 서 있다. 그는 시끄러운 욕설로 맞이하는 교도소 방문자들에게 주먹을 흔들어 보일 정도로 자신의 무감각함을 이겨낸 상태에서 기계적으로 간수를 따라 법정을 나간다.

몸수색을 마치고 기결수 감방에 혼자 남겨진 그는 돌벤치에 앉아 생각하다가 숨이 끊어질 때까지 목이 매달려 있게 된다는 선고에 골몰한다. 그는 교수대에서 처형되는 사람들을 목격했던 광경을 떠올린다. '그들 가운데 일부는 패긴 자신의 수작에 걸려든 탓에' 그렇게 되었다. 그들은 처형을 기다리는 많은 사람들과 마찬가지로 마지막 날을 바로 이 감방에서 보냈을지도 모른다.

공포감에 사로잡힌 패긴은 맨손으로 문과 벽을 후려치면서 불을 켜 달라고 비명을 질러댄다. 초 한 자루와 감시자 하나가 들어온다. 이 무서운 밤이 새도록 때맞춰 울려대는 교회 종소리는 이 늙은 범죄자의 살아 있는 시간을 줄여나간다.

수도사들이 기도하기 위해 감방에 들어오자, 그는 욕설을 하며 쫓아낸다. 토요일이 지나고, 패긴은 그날 밤이 지나면 더 이상 생명을 부지할 수 없게 되리란 사실을 깨닫는다. 그는 교대로 사형수를 감시하는 사람들의 존재는 안중에도 없고, 대부분의 시간을 '깨어는 있으나 꿈을 꾸는' 상태로 주저앉아 있다.

패긴은 마지막 밤을 나누어 헤아려나가면서 최후에 다다랐다는 통렬하게 충격적인 사실을 깨닫자 그를 지키기 위해 두 사람이 보충될 정도로 제정신을 놓는다.

뉴게이트 감옥 밖에서는 형 집행 연기 신청이 거부되었다는 소식이 전해지자 사람들은 고마워했고, 근처에서 어슬렁대는 사람들은 패긴의 마지막 순간에 대한 기대감으로 이런저런 이야기들을 주고받는다. 처형 준비가 한참 진행되는 동안, 올리버를 대동한 브라운로는 패긴의 면회를 허락하는 명령서를 제시한다. 브라운로는 어린아이가 보아서 좋을 게 없는 모습이란 감옥 측의 지침에 동의하지만, 이 면회의 목적은 올리버와 관계가 있는 것이기 때문에 견뎌내야 한다고 말한다. 그들은 패긴의 감방으로 인도된다.

환각에 시달리는 패긴은 옛 동료들과 함께 있다고 상상한다. 간수가 그가 있는 장소를 일깨워주자, 그는 '인간이라고는 할 수 없는 분노와 공포의 표정으로' 고개를 들어 올려다본다. 패긴은 면회자들을 알아보고는

대면을 피한다. 브라운로가, 몽크스가 맡겼다는 문서에 대해 묻자 올리버에게 은닉처를 속삭인다. 미쳐버린 노인은 올리버가 자기를 몰래 감옥에서 데리고 나갈 것이라고 상상한다. 방문자들이 떠나고 나자 패긴은 비명을 질러대며 간수들을 붙잡고 씨름한다.

올리버는 기진맥진해 한 시간 동안은 걷지도 못할 지경이 된다. 브라운로와 올리버가 감옥에서 나온 시간은 새벽이고, 패긴의 마지막 고통 장면을 즐기려고 이미 엄청난 사람들이 모여 있다.

　　패긴의 마지막 순간에 대한 으스스한 묘사에서는 생명을 빼앗는 형벌의 비참한 정경을 보여준다. 우리는 범죄자들에게 찾아드는 고통스러운 고독을 목격한다. 법정에서 그 피고인은 마치 자신이 그토록 냉혹하게 다른 사람들을 파멸시키려고 했던 것처럼 모두가 그의 죽음밖에는 관심이 없다는 참담한 깨달음 이외에는 아무런 느낌이 없는 상태가 된다. 그는 사회의 적이었으며, 이제 모두가 힘을 합쳐 맞서고 있는 것이다.

　　악행의 마지막 대가는 타락과 죽음이다. 일부 작가들이 그려내듯 죽어가면서 그를 우러러보는 군중 앞에서 위풍당당한 모습을 보이는 인물은 이 작품에는 존재하지 않는다. 대신, 끔찍한 죽음이 그 정점을 이루는, 살아 있는 사람의 기분 나쁜 스러져감만이 존재할 뿐이다. 불행한 자를 측은히 여기는 옹호도, 회개에 대한 위안, 용기, 혹은 위엄도 없다.

　　브라운로와 올리버의 감옥 방문을 통해 작가는 소년과 숙녀들이 악당 패거리에게 닥친 운명이 어떤 것인지를 알게 되었음을 독자에게 교묘히 전달한다. 이러한 목적은 이미 독자들에게 잘 알려진 사실을 단 한 마디도 다시 언급하지 않고 훌륭하게 달성된다. 작가의 섬세한 기교는 패긴의 처형 장면을 빼버리는 데서도 분명하게 드러난다. 우리는 사이크스의 소름 끼치는 죽음을 목격했다. 그런 장면은 한 번이면 족하다.

Chapter 53

결말

　로즈 플레밍과 해리 메일리는 3개월이 채 되지 않아 신랑의 교회에서 결혼식을 올린다. 두 사람은 시골 목사관에 살림을 차리고, 메일리 부인과 함께 살게 된다.

　올리버의 몫을 회수하고 몽크스 소유의 남은 재산을 똑같이 나누면 각각 한 해에 3천 파운드가 나온다. 비록 모든 권리는 올리버가 갖고 있지만, 절반을 몽크스에게 주어 새 생활의 기회를 갖게 하자는 브라운로의 제안을 기꺼이 받아들인다.

　몽크스는 자기 별명을 그대로 가지고 먼 신대륙으로 떠나지만 재산을 탕진하고 다시 범죄자의 길을 걷다가 결국 감옥에서 지병인 발작 증세로 숨을 거둔다. 패긴이 거느렸던 옛 패거리의 주요 일원들 역시 영국에서 멀리 떨어진 유형지에서 죽는다.

　올리버는 브라운로의 양자가 된다. 노신사는 올리버, 베드윈과 함께 목사관 근처에 정착함으로써 소년을 더욱 행복하게 만든다.

　처시에 있는 친구들과 떨어지게 된 로스번은 변화가 필요하다며 마을 밖에 독신남 전용 집을 짓고, 시골 생활에서 맛볼 수 있는 온갖 즐거움을 누린다. 로스번과 그림위그 사이에는 우정이 싹트고, 그림위그는 의사의 집에 자주 드나들며 그의 취미생활에 열심히 동참한다.

　패긴에게 불리한 증언을 한 대가로 노아 클레이폴은 사면된다. 쉬운 직업을 찾던 그는 샬럿의 도움을 받으면서 범죄 고발인이 되고, 일요일 예배 시간에는 사기행각을 연습한다. 샬럿이 선술집 앞에서 쓰러진 척하면, 노아가 그녀를 살려내겠다며 선술집에 들어가 브랜디를 얻어낸 다음, 일요일에 술을 판다고 술집을 고발해 벌금의 절반을 포상금으로 받아내는 것.

일자리를 잃은 범블 부부는 비참할 정도의 빈곤상태로 전락해 한때 독재자로 군림했던 그 구빈원에 수용되는 신세가 된다.

가일스와 브리틀스는 여전하다. 모셔야 할 주인들은 늘어나, 목사관의 가솔들뿐만 아니라 브라운로와 로스번의 집까지도 돌보게 된다.

찰스 베이츠는 사이크스의 피비린내 나는 범죄와 치욕스러운 종말에 큰 충격을 받아 불성실한 생활을 청산하고, 노댐프턴셔에서 양치기로 열심히 행복한 삶을 살아간다.

이 조그만 공동체의 구성원들은 마을 목사관을 중심으로 서로에 대한 애정, 감사, 그리고 즐거운 일과 힘들었던 일들에 대한 기억으로 하나가 되어 소박하고 행복하게 살아간다. "강한 애정과 가슴에서 우러나오는 인정, 그리고 자비를 율법으로 삼고 모든 숨쉬는 것들에 대한 박애를 가장 큰 속성으로 하는 하나님에 대한 감사 없이 행복은 절대 얻을 수 없는 것이다."

그 오래된 교회 안에 있는 가묘의 대리석 표석에는 이름이 하나 적혀 있다. "애그니스."

이 마지막 장에서는 착한 사람과 죄 지은 사람에 대한 상벌의 분배가 완결된다. 결혼식 설명으로 작품을 마무리하는 것은 주인공의 운명과는 그다지 직접적인 관계가 없지만 가장 바람직한 전통에 따른 것이다.

몽크스에게 부친이 남긴 유산의 절반을 떼어주는 것은 박애정신에 입각한 또 한 번의 양보다. 자비심은 원칙적인 공평함에 선행한다. 몽크스는 정직한 삶으로 되돌아가기에는 너무도 단단하게 사악한 힘에 묶여 있지만 디킨스는 박애정신과 자비심이 행복의 전제조건이라는 확신을 재천명하고 있다.

인물분석
노트

○ 올리버 트위스트

명목상 주인공이지만 그 배역에 어울리는 자격, 소위 그의 행동이나 결정이 작품에 모종의 영향을 끼치는 능력을 갖추지 않았다. 자기 운명을 개척하는 데 적극적인 참여자가 되기보다는 서로 대립하는 세력들의 표적이 되고 있는 것. 소위 베리의 속박에서 도망치는 것으로 중대한 걸음을 내딛게 된 이후, 날쌘 도저에게 붙잡히는 순간부터 브라운로가 자신에 관계된 일을 맡게 되기까지 올리버는 그들의 지시에 따라 행동하는 인물에 불과하다.

그 결과, 한 개인으로서 올리버는 핏기 없고, 실제 인물 같지 않은 인물이다. 우리가 알고 있는 그의 성격은 주로 작가의 주장에서 나온 것들이다. 자라면서 겪는 가혹하고 억압적인 환경 때문에 타협적이고 고분고분해진 아이는 세상을 혼자 떠돌게 되었을 때, 사악하고 몰염치한 자들에게 맞설 능력이 전혀 없다. 그는 주인공으로서 대사도 거의 없는 편이다. 어쩌면 그것은 다행스러운 일일 수도 있다. 그가 입만 열었다 하면 대개 디킨스 자신의 진부한 의견을 과장되게 암송하는 것에 지나지 않기 때문이다.

○ 몽크스

작품이 진행되는 내내 무대 뒤편에 꺼림칙하게 숨어 있다가 예고도 없이, 혹은 누구인지 정체도 밝히지 않고 갑자기 모습을 드러내는 음흉하고 불길한 인물이다. 그는 간교한 늙은 도적 패긴을 지배하는 능력이 있다. 패긴은 행동 예측이 가능한 악당 사이크스보다 그를 더 두려워하는 것 같다. 그는 실제로 위험을 무릅쓰고 궂은일을 해치우는 패긴 패거리처럼 공공연히 악행을 저지르는 자들의 활동을 조장하면서 표면에는 나타나지 않은 채 사람들을 괴롭히는 종류의 악을 대표한다.

그에게서는 악에 물든 환경이 끼치는 악영향의 사례를 보게 된다. 그는 불화와 악의의 산물이다. 이러한 환경의 영향—특히 비열한 어머니에게서 받게 되는 유해한 영향—때문에 어린 시절부터 삐뚤어진 성격이 된다. 그가 보여주는 타락한 인간형은 빈곤뿐만이 아니라 박애와 애정의 부재도 인간성을 기형으로 만든다는 것을 강력하게 입증한다.

○ 패긴

그의 성벽이 불쾌감을 일으키는 것만큼이나 외모도 추악하지만 그리 단순한 인물은 아니다. 디킨스는 그를 통해 일반적인 인간 성정이 지닌 복합성을 그려내려 하고 있다. 몹시 화가 나면 사나운 분노에 굴복하기도 하지만, 일상적인 상황에서는 '유쾌한 노신사'란 별칭을 얻을 정도로 냉소적 유머에 곧잘 빠져든다.

패거리들 가운데서 속임수를 발휘하는 사악한 재능은 단

연 두각을 나타내고, 통찰력이나 사려도 훨씬 깊다. 다른 패거리들이 태평스럽게 어린 도둑들이나 가학적인 사이크스 같은 자들과 어울려 활개를 치고 다니는 동안, 그는 자신들의 미묘한 처지를 파악하고, 조심성과 지칠 줄 모르는 경계심이 절박하게 요구된다는 것도 제대로 알고 있다. 올리버나 클레이폴에게 서로 의지해야 한다며 설교를 늘어놓는 장면에서 이러한 분석적 성벽이 잘 드러난다.

그는 방심하다가 허를 찔리는 경우가 아니면, 극도의 중압감을 느끼는 상황에서도 놀라운 자제력을 발휘한다. 따라서 배신의 충격을 이겨내고 교묘하게 사이크스를 선동해 낸시를 죽이게 만들면서도 지나친 폭력을 사용하지 말라며 주의를 줄 정도로 자제력이 있다. 경솔한 행동이 불러올 위태로움을 언제나 염두에 두고 있기 때문.

그의 타락한 본성 속에도 일말의 인간적 느낌이 남아 있음을 나타내는 징표들이 존재한다. 올리버에게 무심코 친절의 기미를 내비치는 것이다. 올리버를 처시에서 벌일 도둑질에 끌어넣던 날 밤, 아이가 잠을 방해받지 않도록 이야기를 다음날로 미루고, 그 다음날에는 올리버의 안전을 위해 사이크스의 말에 두말없이 따르도록 간곡하게 타이른다. 그러나 그의 사악한 영혼 속에 잠재한 인간성이 어떻든 독자에게는 그다지 수긍이 가지 않는다.

○ 사이크스

삶의 조건이 궁극적으로 사람을 잔인하게 만드는 전형적인 예로, 인간의 감수성이나 부드러움의 징후를 거의 상실한 인물. 유머와는 완전히 담을 쌓았고, 양심 같은 것에 코웃음을 친다. 결국 낸시를 죽음으로 몰아넣는데, 그녀에 대한 독선적인 애정을 제외한다면, 자기를 포함한 그 어떤 인간의 인생에 대해서도 거의 가치를 두지 않는다. 그는 과거나 앞일에 연연하지 않고 언제나 쉽게 잠이 든다. 적어도 살해당한 낸시의 두 눈 환영이 그의 저능한 두뇌를 괴롭히기 전까지는.

두려움을 모르는 그의 기질은 진정한 용기라기보다는 어리석음에 가깝다. 짐승과도 같은 본성은 낮은 지능과 무지막지한 힘의 혼합물이다. 그는 자주 지적 한계를 만천하에 드러낸다. 패긴처럼 종종 통찰력으로 무법자의 인생이 지닌 멋진 의미를 성찰하는 경우라곤 없으며, ‘그 업종’의 구성원들 내부에서 생겨날 수 있는 위협적 요소들에 대한 관심 같은 것도 없다. 패긴은 현명하게도 그에 대한 사무치는 증오심을 모른 척하고 넘기지만, 그는 노인에 대한 경멸감을 크게 억제하지 않는다. 따라서 불필요하게 패긴의 분노를 자극해 파멸을 자초하는 셈이 된다.

낸시와의 사이가 가까움에도 불구하고, 그는 그 관계에 유별나게 둔감하다. 무엇보다도 자신이 속한 먹고 먹히는 세계의 관습을 너무나 경멸한 나머지 자신의 학대가 나쁜 결말로 이어질 수 있는 위험한 행동임을 전혀 이해하지 못할 정도다. 낸시의 갑작스럽고 이상한 행동에 대해서도 불온한 이유 때문이라고는 추호도 의심하지 않고, 오히려 그저 지나가는 병의 징후려니, 하고 넘겨버린다. 반면, 패긴은 평상시와는 다른 뭔가가 낸시에게 영향을 끼치고 있다는 것을 재빠르게 간파한다.

상대를 빈틈없이 파악하고 있는 패긴은 낸시의 배신을 알려 사이크스의 분노를 폭발시키기에 앞서 악의적으로 그를 선동한다. 그러자 이 얼간이는 흉계의 가능성에 대해서는 전혀 생각지도 않은 채 유일한 친구를 살해하겠다고 다짐하고 집으로 달려가서는 인간성의 경계 저편, 나아가 자기 같은 악당들의 경계 훨씬 저편에 존재하는, 이성을 상실한 사악함의 전형이 된다.

○ 낸시

사이크스가 범죄자 세계의 최하층을 대표하는 인물로 여겨지는 반면, 낸시는 상층부 언저리를 차지하는 인물로 볼 수 있다. 내면에 자리한 선량함은 완전히 사라진 것이 아니라 휴면 상태에 있었던 것. 자신의 처지는 가망이 없다고 생각할지라도, 올리버를 위해 나서야 하는 시험에 처하자 착한 심성이 드러난다.

로즈와 브라운로를 통해 예의를 중시하는 세계와 접촉하게 되자, 그녀는 자신이 파멸에 이르게 될 그릇된 길로 들어섰다는 것을 인정하면서도 악의 덤불 속에 너무 복잡하게 뒤얽혀 있기 때문에 아무리 선의를 갖거나 노력해도 벗어날 수 없다고 확신한다. 정직한 삶의 방식으로부터 너무 멀리 표류해서 되돌아올 수는 없지만 본래는 착한, 인생을 허비한 슬픈 본보기다.

○ 로즈 메일리

디킨스 작품 세계에서 때가 묻지 않은 여성상의 빛나는 본보기. 인간사의 복잡함과 모순도 그 순수함과 질을 떨어뜨릴 수 없는 진가(眞價)를 지닌 인물로, 그만큼 독자의 흥미를 자아내기는 힘든 인물이다. 실생활에서처럼 소설 속에서도 천사보다는 다양한 색채를 지닌 이단자들이 더 기억에 남는 경향이 있다. 그러나 악한의 세계와 그녀가 속한 세계 사이의 중재자라는 역할에는 훌륭하게 들어맞는다. 모든 것이 올리버에게 불리하게 돌아가고 있는 상황에서 동정심이 없는 사람이었다면 그를 경찰에 넘겼을 수도 있다. 그리고 겸손함이나 인간미가 부족했다면, 낸시와의 만남을 거부함으로써 적대적인 쌍방 사이의 결전을 사전에 막아버렸을지도 모른다.

다양한 성격적 특질들이 혼합되어 있는 인물. 가장 두드러진 면은 친절함과 관대함이지만, 몇 가지 약점도 있다. 조급하고 퉁명스럽고 때로는 충실한 가정부를 놀려주고 싶은 충동을 억제하지 못한다. 목적 달성을 위해서는 법적·윤리적 가치를 항상 존중하는 것도 아니다.

무엇보다도 박애를 원칙으로 하는 이타적인 인물로, 선의만으로는 부족하고 반드시 왕성한 활동을 통해 충동을 표현해야만 직성이 풀린다. 직접 나서서 올리버를 돕는 것은 그가 행동주의자이기 때문이다. 그는 올리버를 중심으로 모이게 된 집단 구성원 누구나가 인정하는 지도자가 되어 사악함과 타락의 세력을 정복한다.

마무리 노트

작품의 배경

〈올리버 트위스트〉는 사악함, 타락, 공포를 그린 암울한 이야기다. 따라서 불건전한 배경에서 이야기가 펼쳐지고, 악취와 더러움은 피할 수 없는 것처럼 보인다. 자연의 힘조차 암담한 분위기를 강조하기 위해 공모한 듯하다. 날씨는 대개 끔찍하게 춥고, 비와 안개도 잦다.

대부분의 주요 사건들이 밤에 일어난다는 점에 주목하면 숨은 의미도 찾아낼 수 있다. 범죄자들은 밤에 활동하는 습성을 지녔다. 태양빛이 그들의 음울한 세계를 뚫고 들어오기도 하지만, 그런 일은 좀체 일어나지 않거나 낸시가 살해된 날 아침처럼 어쩌면 조롱하기 위해 그럴 뿐이다. 유일하게 햇빛이 찬란한 기간은 올리버가 메일리 가문 사람들과 시골 별장에서 머무르던 여름철 몇 개월이다. 그때조차, 로즈의 목숨을 앗아 갈 뻔했던 병과 몽크스와 패긴의 등장으로 검은 그림자가 드리워진다.

이 작품은 주로 빈곤과 범죄—사회에서 버림받은 자들의 생계수단—를 다루고 있다. 그 부랑자들은 그들의 삶을 추하게 변형시키는 데 일조한 위기에 놓인 제도처럼 허물어져가는 폐허 사이에 숨어 있다. 소설에서 '무관심'과 '부식'이란 낱말이 계속 등장하는데, 혐오스러운 환경에 적절히 반영된 정신적 부식을 조장해 온 인간적 가치에 대한 무관심을 가리킨다.

플롯과 구조

작품의 플롯은 소재가 되는 모든 요소들의 종합이다. 플롯은, 플롯의 구성 요소이기도 한 줄거리와는 다르다. 줄거리는 인과관계로 설명되는 일련의 사건들이란 하나의 틀을 제공한다.

〈올리버 트위스트〉는 수많은 등장인물을 긴밀하게 이어 놓는 뒤얽힌 음모라는 핵을 중심으로 구성되며, 그들은 각기 다양한 출신과 배경을 지니고 있다. 표면상으로 보면, 그들의 행로가 교차될 까닭이 전혀 없지만, 모두들 가차 없이 동일한 환경이란 거미줄 안으로 끌려 들어온다. 디킨스는 지위와 상관없이 삶은 서로 뒤얽히게 되어 있고, 다른 사람의 행동에 영향을 받지 않을 수 없다는 가정을 하는 듯이 보인다. 여기에 필연적으로 따르는 복잡한 갈등과 해결은 대개 수수께끼와 긴장감을 주는 효과를 낸다.

플롯의 특징적인 요소는 갈등과 그것의 해결이다. 이 작품에는 두 개의 갈등이 존재한다. 하나는 몽크스와 올리버, 다른 하나는 패긴과 사이크스 사이의 갈등이다. 패긴은 몽크스와의 공모를 통해 두 갈등에 모두 개입하며, 그의 결정이 결국 하나로 합쳐지는 두 줄기의 소란스러운 조치의 진행을 촉진하기도 한다.

올리버가 겪는 시련은 그의 의지와는 무관한 것이다. 올리버를 처시에서 감행될 도둑질에 끌어넣는 중요한 결정은 패긴이 내린다. 실패로 끝난 도둑질은 올리버가 맞게 되는 불행의 정점에 해당한다. 그 재난으로 올리버는 기진맥진하지만, 그 밑바닥이 운명의 전환점이 되어 좋은 방향으로 나아간다. 그리고 브라운로가 몽크스에게 승리하면서 올리버는 비로소 고난에서 헤어난다.

서로를 적대시하는 사이크스와 패긴 사이에서, 늙은 도둑이 상대를 파멸시키기로 작정하면서 위기에 달한다. 낸시에게 염탐꾼을 붙이는 패긴의 준비 단계는 곧바로 낸시의 살해라는 정점으로 이어진다. 그 같은 피비린내 나는 살인행위로 인해 도둑 무리는 빠르게 응보를 향해 가고, 사이크스가 올가미에 걸려 죽게 되면서 결말로 치닫는다.

복잡한 저간의 사정과 문제 해결에 대한 설명은 사후(事後) 해명 기법을 통해 이루어진다. 이 기법은 빠르게 긴장감을 높이고, 흥미를 생생하게 지속시키는 장점이 있다. 수많은 등장인물을 사건의 흐름 속으로 끌어넣기 위해 작가는 우발적인 사건과 우연의 일치를 잔뜩 동원하게 되지만 이야기를 풀어나가는 방식에 의해 가려지면서 신빙성에 무리가 가지 않는다.

개연성을 해칠 수 있는 다른 요소들도 마찬가지 방식으로 흐려놓는다. 예를 들면, 49장에서 브라운로는 "올리버의 정체를 밝혀줄 유일한 증거는 강바닥에 놓여 있고, 아이 엄마에게서 그것을 넘겨받았던 할망구는 이제 관 속에서 썩어가고 있네"라는 놀라운 말로 몽크스의 저항을 약화시킨다. 몽크스와 패긴의 밀담을 엿들었다는 낸시의 주장과 정확히 일치하는 내용이다. 다음으로, 로즈는 40장에서 낸시에게 들었던 말을 정확히 기억했다가 브라운로에게 전했고, 브라운로는 그 말로 마침내 몽크스의 기를 꺾어놓은 것이다. 이토록 매끄럽게 풀린 이야기가 정상적인 시간 흐름으로 전개되었다면 우스꽝스러웠을 테지만 복잡한 방식으로 드러나면서 독자들이 믿기 어려운 요소들은 자취를 감춘다.

이 작품은 여러 가지 신파적 특징을 보여준다. 연민을 불러일으키는 부분이 거리낌 없이 삽입되는데, '꼬마 딕'에 관한 부분은 가장 불필요하다. 올리버 어머니의 초상화나 몽크스의 흉터는 정체를 알리기 위한 장치로 사용된 표식들이다. 또 다른 신파적 장치들의 예는 사악한 형의 책략, 파기된 유서, 가명, 생판 남으로 생각했던 사람이 친척으로 밝혀지는 것 등이다.

사랑을 다룬 부수적 플롯 자체는 신파와 떼어놓을 수 없다. 이 작품에 등장하는 악의 세력과 선의 세력 사이에 벌어진 싸움에서 눈에 띄는 존재는 순결함으로 빛나는 처녀다. 구혼자가 당당하게 사랑을 위해 명예와 재산을 포기하는 것은 고결한 마음에 바치는 높은 감사의 표시다. 비록 사랑 이야기는 플롯 자체에는 중요하지 않지만, 기존의 문학적 전통에 경의를 표하는 것이자 결말로 다가가는 작품에 대한 관심의 구심점이 된다.

작가의 의도

'작품의 개요'와 Chapter별 '풀어보기'에서도 언급했듯, 〈올리버 트위스트〉는 여러 개의 밀접하게 연관된 의도들이 담겨 있다. 이 작품에는 가난의 비참함과 가난이 사회에 퍼뜨리는 비열한 영향에 대한 선입견이 존재한다. 만연된 가난의 표시는 굶주림인데, 이것은 작품 전체를 통해 반복해서 절박하게 나타나고, 빈민 문제에 대한 무지한 접근은 결국 갖가지 악을 생산한다.

빈곤과 궁핍은 인간의 본성에 온갖 악영향을 끼치는 범죄라는 더 나쁜 결과를 낳는다. 디킨스는 범죄자들이 겪게 되는 사회로부터의 고통스런 소외 문제에 대해서도 상당한 관심을 기울이고 있다. 따라서 범죄자는 자신이 속한 세계의 허약한 유대관계가 끊어지면 완전히 고립된다. 빈곤의 부산물인 범죄는 인간성을 말살시키는 악성 종양과도 같다.

긍정적인 측면으로서, 디킨스는 건전한 환경이 지닌 기를 북돋우는 효과와 타락을 극복하게 해주는 박애의 위력을 강조한다. 그리고 선량한 행위—비열한 행위와 마찬가지로—는 그것에 어울리는 보답을 받을 수 있다고 여긴다.

상징

하나의 소설 작품이 여러 단계의 상징을 포함할 수 있다. 배경과 등장인물도 플롯에서의 역할과는 별개로 상징적 의미를 지닐 수 있다. 어떤 인물의 특성이나 몸짓이 성격적 단면을 상징적으로 나타내기도 하는 것이다. 이를테면, 범블이 삼각모를 애지중지하는 것은 공허한 권위주의에 대한 애착을 보여준다.

순수하게 상징적인 인물은 플롯의 전개에서 아무런 기능도 수행하지 않는다. 이런 각도에서 굴뚝청소부 갬필드는 플롯 전개에는 전혀 기여하지 않지만 이유 없는 잔혹성을 가장 잘 나타내는 인물로서 두드러진다. 보통, 상징적 진술은 추상적인 표현이 된다. 브라운로는 플롯 전개에서 눈에 띄는 역할을 하고 있지만 시종일관 그 효과가 검증된 선행과 박애를 예증한다.

이 작품에서 두루 나타나고 있는 주목할 만한 점 한 가지는 비만에 관한 언급이다. 이에 대한 언급이 없는 부분은 굶주림을 상징한다. 다수의 뚱뚱한 인물을 살펴보는 것은 아주 흥미롭다. 지위의 고하와는 관계없이 부유하다고 여겨지는 사람들은 빈곤과 영양실조와 상징적 대조를 이룬다. 교구위원회는 '여덟에서 열 명 정도의 피둥피둥한 신사들'로 구성되어 있고, 구빈원장은 '퉁퉁하고 건강한 남자', 범블은 '당당한 체구를 가진 인물', 가일스는 뚱뚱하고, 브리틀스는 '결코 호리호리하다고 할 수 없고', 로스번은 '뚱뚱한 신사', 런던 경찰국 소속 경관들 가운데 하나는 '당당한 체구의 남자' 등과 같은 표현들이 그것이다.

배경에는 다양한 상징이 숨어 있다. 무관심과 부식의 표면적 증거들은 사회와 사람들 마음속의 그것에 상응하는 존재들을 나타낸다. 음흉한 행동과 감정은 침침한 방, 연기, 안개, 칠흑처럼 캄캄한 밤에 의해 구체적으로 그 특징이 표현된다. 공포와 잔혹함이라는 지배적 분위기는 아마도 잦은 비와 유난히 추운 날씨와 동일시될 수 있다.

문체

디킨스의 문체는 오늘날 독자들에게는 불만스러울 수도 있는 화려함이 특징이다. 그러나 이 문제와 관련—다른 모든 문제도 마찬가지—해서는 당대 독자들의 관점에서 고려해야 한다. 그들의 취향과 기대치가 우리와는 달랐기 때문에 그들의 관점에서 보아야 하는 것이다.

여러 면에서 19세기 초 삶의 속도는 지금보다 느긋하고 한가했기 때문에 독자들은 디킨스의 장황한 수사를 감상할 시간과 자세를 지닐 수 있었다. 영화나 라디오, 혹은 텔레비전의 방해 없이, 기분전환을 위해 시간과 노력을 많이 투입할 수 있었던 시대의 사람들은 예술적 재능 자체를 즐기는 것이 가능했다. 작품 낭독은 작가가 예술적 기량을 드러내는 데 도움이 되었다. 디킨스가 작품을 낭독하면 청중은 무아지경에 빠졌기 때문에 낭독할 때의 효과도 생각하며 글을 써야 했던 것.

출판 조건도 작가가 동원할 기법에 중대한 영향을 미쳤다. 1년 이상 독자들을 계속 붙잡아두어야 하는 난제에 부딪히면, 장면들을 잊을 수 없게 만들거나 등장인물들을 기억에 남을 만한 존재로 묘사해야 했다. 한 달 후에 생생하게 다시 떠올릴 수 있도록 해야 그 기간을 기다려야 하는 독자들의 흥미를 지속시킬 수 있었기 때문이다. 그리고 다음 호가 발행될 때까지 초조하게 기다리면서 이미 읽은 것을 다시 읽는 독자들을 만족시키기 위해서는 매 호마다 넉넉한 양의 알맹이를 꽉꽉 채워 넣어야 할 필요성도 있었다. 따라서 그런 시간적 공백 없이 한 권을 내리 통째로 읽을 수 있게 된 사람들이 보기에는 지나치다 싶을 정도로 장황하고 자세한 내용도 당대 독자들에게는 독서 욕구를 더욱 강렬하게 만들어주는 것일 뿐이었다. 디킨스 작품이 당대에 누렸던 인기는 그의 문학적 판단이 지닌 건전함을 입증하는 것이다.

다음 주제에 관해 간단히 서술하시오.

1. '주제는 작가가 자신이 다루고 있는 분야 전체를 총체적으로 바라보는 방식'이란 E. K. 브라운의 정의를 적용해서 독자가 생각하는 〈올리버 트위스트〉의 주제를 이야기해 보라.

2. 올리버 트위스트를, 예를 들어, 허클베리 핀처럼 비슷한 연령에 역경과 맞서 싸워야 하는 다른 작품의 주인공들과 비교하라.

3. 이 작품에서 언급된 최초의 사건부터 주요 사건들을 시간 순서대로 재배치하라. 작가가 제시하는 명백한 단서들의 시간 간격을 구체적으로 쓸 것.

4. 꼬마 딕은 작품에서 어떤 기능을 하는가?

5. 미스터리 요소인 긴장감, 전조, 인지, 사후 해명, 해결 중에서 하나를 골라 구사된 것을 지적하고, 작품 전체에서 진전되는 과정을 추적하라.

6. 반어법이 사용된 전형적인 예를 몇 가지 들고, 그 반어법이 어떻게 완성되고 있는지 설명하라. (1, 2, 3, 4장 풀어보기 참조)

7. 상징의 예로서 등장인물이나 등장인물의 특징에 대해 서술하라. (마무리 노트 '상징' 참조)

8. 굴뚝청소부 갬필드가 등장하는 일화의 목적은 무엇인가? (3장 참조)

9. 사건을 서술적 기법과 극적 기법으로 처리한 예들을 골라 그 기법이 왜 타당한지, 혹은 왜 타당하지 않은지 서술하라. (3, 4장 풀어보기 참조)

10. 이질적이라고 여겨지는 장면들이나 일화들을 골라 줄거리 전개에
    적절치 못하다고 여기는 이유를 서술하라.

11. 특히 훌륭하다고 생각되는 대화와 설득력이 없다고 생각하는 대화
    를 하나씩 골라 그 이유를 서술하라.

12. 디킨스는 사형 제도를 찬성하는가? 작품의 특정 부분을 참고해 추
    론한 내용을 입증할 것. (9, 18, 52장 참조)

13. 누가 낸시와 '대조를 이루는 여성'인가? 디킨스가 그러한 대조를
    사용한 이유와 방식에 대해 서술하라.

14. 한 장면 혹은 일화를 선택해 배경이 사건과 상징적으로 연관될 수
    있도록 어떤 방식으로 다뤄졌는지 논하라. (마무리 노트의 '작품의
    배경', '상징' 참조)

15. 작품에서 실제로 벌어지는 사건에 선행한 것으로 알려진 사건을 시
    점으로, 모든 사건들을 시간 순서대로 간단히 요약하라.

16. 예컨대, 〈올리버 트위스트〉의 라스콜리니코프, 〈맥티그〉의 맥티그,
    〈테스〉의 테스 등, 다른 작품에 등장하는 살인자들의 반응과 행동
    을 사이크스의 그것과 비교하라.

17. 빌 사이크스의 개는 줄거리에 기여하는 부분이 있는가?

18. 디킨스는 목적이 수단을 정당화할 수 있다고 생각하는가? 그의 입
    장에 동의하면 이유를 서술할 것. (28-31장 참조)

19. 디킨스의 문체가 효율적이고 타당한가, 아니면 그렇지 않다고 생각
    하는가? 독자의 판단을 입증할 수 있도록 특정 문단을 분석할 것.
    (마무리 노트의 '문체' 참조)

20. 대조를 위해 독자가 짝지어놓은 등장인물들의 이름을 말하고, 플롯
    의 추가 전개를 위해 이 기법이 어떻게 사용되고 있는지 서술하라.

21. 로즈 메일리가 병이 난 사건은 줄거리 상으로 어떤 의미를 갖는가?
   (33장 참조)

22. 디킨스는 유형지에서 탈주한 죄수 캐그스를 왜 이야기에 끌어들였
   는가? (50장 참조)

23. 예컨대, 〈두 도시 이야기〉의 시드니 카튼, 〈미국의 비극〉의 클라이
   드 그리피스 같은 사형수들과 처형을 기다리는 패긴을 비교해 보라.
   (52장 참조)

24. 브라운로가 올리버를 패긴이 갇혀 있는 감방으로 데리고 가도록 만
   든 작가의 의도는 무엇인가? (52장 참조)

- 산업화 초기의 시대 풍자
- 실전 연습문제

一以貫之는 '논어'에 나오는 말로 '모든 것을 하나의 이치로 꿴다'는 뜻입니다.

논술의 주제와 문제 유형, 제시문들은 참으로 다양하고 가지각색입니다. 그러나 그 모든 것을 하나로 꿸 수 있습니다. '인간사회의 보편적 문제들에 대한 근원적인 물음에 답하는 자기 나름의 견해'라는 것이지요. 논술은 인간이면 누구나 부딪히는 개인적 또는 사회적 문제들에 대한 자기 나름의 고민이자 성찰입니다. 논술은 자기견해, 자기 가치관, 자기 삶에 대한 솔직한 고백입니다.

一以貫之 논술연구모임은 '자신의 물음'과 '자신의 생각'을 갖고 '자신의 글'을 쓸 수 있도록 도와줍니다.

〈집필진〉
우효기, 이호곤, 우한기, 박규현, 김법성, 김재년, 김병학, 도승활, 백일, 조형진

산업화 초기의 시대 풍자

　　작가는 어떤 형식으로든 자기가 살아 온 시대상을 반영하게 마련이다. 그리고 그의 취향이나 지적능력에 따라 좀더 직설적이거나 은유나 풍자, 해학의 문체를 구사할 수도 있고, 보다 사변적이거나 논리적인 작품을 쓰기도 한다. 이 가운데 시대를 풍자하며 있는 그대로의 사실을 단순하게 그려 보여주는 작가는 소박한 대중과 정신적 연대를 이루기 쉽다. 반면, 난해하고 사변적인 사유와 심층적인 관념의 세계를 그려내는 작가는 일부 고급 독자층이 찾을 뿐 대중성을 확보하긴 쉽지 않다. 이런 점에서 본다면 찰스 디킨스는 풍자의 작가요, 많은 독자층을 확보하고 있는 대중적인 작가라고 할 수 있다. 특히 〈올리버 트위스트〉는 그가 살아온 빅토리아 중기 산업화 초기의 시대를 풍자하고 당대 사회의 여러 죄악들을 꼬집고 있다. 아르놀트 하우저가 '발자크의 가장 형편없는 엉터리 수작도 디킨스의 어떤 비전보다는 더 논리적이다'라고 평할 정도로 디킨스 소설의 예술성과 완성도가 다소 미흡한 것은 사실이다. 그러나 디킨스 소설은 시대의 실상을 여과 없이 그려내고, 그것을 통해 다수 대중과 함께 아파하고 기뻐하는 등 정서적 공감대를 형성케 한다는 점에서 의미가 있다. 그리고 〈올리버 트위스트〉는 이러한 그의 대중성을 확인하기에 가장 적합한 소설이라고 할 수 있다. 또한 우리는 이 소설 속에서 그가 고발하고 있는 사회상이 오늘날 우리 시대의 사회상과 너무도 닮아 있다는 것도 발견하게 된다.

공리주의가 지배하는 사회

저녁시간이 되자 아이들은 각자 자리에 앉았다. 구빈원장은 요리사 제복을 입고 솥가마 앞에 자리를 잡았고, 그 뒤에 극빈자 보조원 아줌마들이 정렬해서 묽은 죽을 배급했다. 그리고 차린 것 없는 공동식탁에서 긴 식사기도가 있었다. 죽이 금세 사라지자 아이들은 수군대면서 올리버에게 눈짓을 했고 바로 옆에 있던 동료들은 팔꿈치로 그를 찔러댔다. 비록 어린애였지만 올리버는 배고픔에 시달려 지독해졌고 비참함에 치여서 보이는 것이 없었다. 그는 식탁에서 일어나서 주발과 숟가락을 들고 구빈원장에게 다가간 후, 스스로도 자신의 만용에 좀 놀란 기색으로 말했다.

"있잖아요 원장선생님, 조금만 더 주세요."

구빈원장은 뚱뚱하고 건장한 사내였으나 이내 창백해졌다. 그는 몇 초 동안 이 꼬마 반역자에 놀라서 넋을 잃고 바라보더니, 가마솥에 기대어 겨우 정신을 차렸다. 보조원들도 아연실색했고, 아이들은 공포에 떨었다.

"뭐야!" 구빈원장은 희미한 목소리로 마침내 입을 열었다.

"있잖아요 원장선생님," 올리버가 답했다. "조금만 더 주세요."

구빈원장은 올리버의 머리를 겨냥해 국자로 한 대 내리치고 올리버를 두 팔로 꽉 붙잡은 채 소리를 꽥 질러 말단 교구관을 불렀다.

　　가난한 이들을 돌보는 구빈원에서 벌어지는 참담한 풍경이다. 묽은 죽 한 그릇으론 너무 배가 고파 아이들은 제비뽑기를 해서, 좀더 달라고 말할 사람을 정한다. 그리고 올리버 트위스트가 뽑힌다. 악역을 맡게 된 것이다. 그리고 그의 "조금만 더 주세요"란 한 마디는 구빈원장의 노여움을 산다. 그러한 행위는 구빈원에선 있을 수 없는 일이요, 상상할 수 없는 죄악이었던 것이다.

　　여기 구빈원은 당시 산업자본주의 초기의 영국의 실상을 아주 잘 보여주는 곳이다. 우리는 여기서 개인의 쾌락과 즐거움, 그리고 이러한 쾌락의 총합을 가장 중시하는 공리주의(功利主義)의 원칙이 어떤 방식으로 전개되는지 확인할 수 있다. 약간의 고기수프에 물을 가능한 한 많이 타서 아이들 수십 명에게 나누어 먹였으니 얼마나 효용성이 높은가! 이러한 공리주의적 관점에서 보면 브라운로의 집에서 친절한 노파가 올리버에게 먹인 고기수프는 극도로 효용성이 떨어지는 비합리적인 행위가 아닐 수 없다. 올리버가 볼 때 그 고기수프는 묽게 타면 최소한 극빈자들 350명은 먹일 수 있을 정도로 진국이었으니까.

　　이처럼 공리주의가 절대적인 신념으로 자리 잡은 사회에서 공리주의에 대한 문제 제기는 곧 죄악으로 간주된다. 그러한 문제 제기 방식 역시 공리주의 원칙에 따른 것이긴 마찬가지다. 모든 아이들의 생존을 위해 한 아이를 희생시키는 방식.

그러나 어른들의 더 큰 공리를 위해 아이들의 공리는 희생되고 만다. 이처럼 공리주의는 강자의 기득권을 보장하고 그 정당성을 확보하는 수단으로 활용되기 쉽다. 그리고 이러한 강자의 논리는 은연중에 모든 이들의 내면에 자리 잡게 된다. 이러한 물질주의·공리주의 원칙은 런던의 뒷골목 소매치기들의 범죄 사회 속에서도 공평하게 적용되고 있다.

그러나 고함을 친 사람은 노신사 하나뿐이 아니었다. 날쌘 도저와 베이츠는 큰길로 내달린 다음 사람들의 눈을 피해 바로 다음 골목으로 꺾어 들어가 숨어 있었다. 그들은 이 외침을 듣자마자, 그리고 올리버가 뛰는 것을 보자마자 형편이 어떠한지 정확히 알아채고 매우 재빨리 뛰어나가면서 "도둑놈 잡아라!"를 함께 외치며 멀쩡한 시민인 양 추적에 동참했다.

올리버는 비록 철학자들 수하에서 크긴 했어도, 자기의 몸보신이 자연의 첫째 법칙이라는 아름다운 공리에 대해 이론적으로 알고 있지 않았다. 만약 알았다면 그는 이런 일에 대비를 하고 있었을 것이다. 그러나 그렇지 못한 터라 그는 더욱 놀랐던 것이다. 그는 바람처럼 달려갔고 노신사와 두 소년은 우레와 같은 함성을 지르며 뒤를 쫓았다.

공리주의 원칙에 충실한 사람들은 모두 공리주의의 훌륭한 철학자들이다. 그렇다면 소매치기들은 어떤 면에서 훌륭한 공리주의 철학자들인 셈이다. 작가가 위의 장면을 통해 얼마나 신랄하게 공리주의 철학의 허구성을 꼬집고 있는지 우리는 알게 된다. 같은 패거리인데도 불구하고 자기의 안전을 위해 동료의 위험을 방조하고 오히려 즐기고 있는 이들의 모습은 극단적인 공리의 원칙이 어디까지 치달을 수 있는지 잘 보여주는 장면이다. '자기의 몸보신이 자연의 첫째 법칙이라는 아름다운 공리'라는 이론은 이 대목에 의할 것 같으면 곧 타인의 불행을 딛고서 자신의 안전과 행복을 도모하는 이론이다. 이는 곧 홉스가 말한 '만인의 만인에 대한 전쟁'의 자연 상태와 다를 바 없이 더 이상 잔인하고 추할 수 없는 상황을 연상케 한다.

이들의 대부인 유태인 패긴은 이러한 공리주의의 최대 신봉자다. 아이들의 소매치기를 통해 부를 축적해 나가는 그의 눈에 올리버는 자기의 쾌락을 증진시켜줄 또 하나의 훌륭한 일꾼이다. 더구나 착하고 순하게 생긴 이목구비는 사람들의 경계를 누그러뜨릴 수 있으므로 더할 나위 없이 훌륭한 자원인 셈이다. 따라서 그는 올리버에게 열심히 기술을 익히도록 격려한다. 공리주의의 최대 신봉자답게.

"어디 한번 꺼내봐라, 내가 알아차리지 못하게. 오늘 아침 놀이할 때 그 애들이 하던 식으로 말이야."

올리버는 날쌘 도저가 하던 대로 한 손으로 주머니의 끝을 잡고,

다른 손으로 가볍게 손수건을 꺼냈다.

"빼냈니?" 유태인이 소리쳤다.

"여기 있어요." 올리버가 자기 손에 있는 것을 보이며 말했다.

"참 똑똑한 애구나, 애야." 장난스러운 노신사가 만족스러운 듯 올리버의 머리를 쓰다듬으며 말했다. "너보다 더 똘똘한 애는 못 봤다. 자 옛다. 1실링을 주마. 이런 식으로 나가면 넌 당대에 가장 위대한 인물이 될 거야."

손수건을 몰래 빼는 것을 단지 놀이로만 알고 있던 올리버에게 유태인 패긴의 칭찬은 의아한 일이 아닐 수 없다. 손수건 빼기 놀이가 어떻게 위대한 인물로 연결되는지 알 수 없기 때문이다. 그러나 패긴의 관점에서 보면 손수건 빼기 놀이의 자질, 곧 소매치기 능력은 더 많은 수입을 의미하는 것이고, 이는 곧 소매치기 자신의 쾌락과 즐거움의 최대치와 패긴 자신의 부의 최대치를 의미하는 것이다. 따라서 올리버의 소매치기 자질은 당대의 공리주의 관점에서 보면 가장 위대한 행위인 셈이다.

경제적·물질적 이익이나 쾌락을 유일한 목적과 가치로 여기는 시각이 얼마나 위험한지 여실히 드러나는 대목이다. 오늘날 우리 사회에서 젊은이들이 추구하는 삶의 자세 역시 위의 소매치기 수업의 모습과 닮았다고 한다면 너무 지나친 표현일까? 오늘날 우리 어른들의 모습이 유태인 패긴과 많이 닮아 있다고 여긴다면 이 역시 너무 지나친 생각일까? 소설 속 소매치기들이 범죄를 계획하는 동기나 오늘날 대다수 사람들의 삶의 목적이나 모두 돈이라는 점에서 본다면 같다. 물론 소매치기들은 정당한 방법이 아니라 불의한 방법으로 남의 돈을 빼앗는다는 점에서 양자를 전적으로 동일시할 수는 없을 것이다. 그러나 우리의 삶의 방식이 어떻게 살 것인지 고민하기보다는 무엇을 얼마나 빨리 많이 소유할지에 매달려 이를 미덕으로 삼아 물불 가리지 않고 덤비는 모습에서 소설 속 소매치기 수업방식과 별반 다를 게 없는 게 아닌가? 더구나 그러한 부의 획득이란 결과가 최대의 미덕으로 통하는 사회라면 우리는 법적 테두리 안에서 교묘하게 소매치기와 같은 불의한 방식 역시 마다하지 않게 될 것이다.

공리주의의 효력은 소설 전체에서 발견된다. 사회적 강자나 약자, 범죄자나 선량한 사람을 가리지 않는다. 낸시를 살해한 악당 사이크스를 잡기 위해 브라운로가 동원하는 수단 역시 현상금이라는 아주 효율적인 방식이다. 그리고 사람들은 열렬히 화답한다.

"사다리를 가져오는 사람에게 20기니를 주겠소!"

옆에 서 있던 사람이 그 소리를 받아서 따라하자 메아리가 울리듯 수백 명이 그것을 반복했다. 어떤 사람들은 사다리를 가져오라고 하고 어떤 사람들은 철퇴를 가져오라고 했다. 어떤 사람들은 그것들을 찾아 횃불을 들고 이리저리 뛰어다녔고, 다른 이들은 돌아와서 다시 소리를 질러댔다. 또 어떤 사람들은 무력한 저주와 욕설을 하느라 숨을 헐떡거렸고, 어떤 사람들은 미친 듯이 환희에 젖어 앞으로 밀치고 나가며 뒤에서 오는 사람들의 길을 방해했다.

…

"내가 50파운드를 주겠소." 같은 쪽에서 한 노신사가 소리쳤다.

"그를 생포하는 사람한테 말이오. 난 여기서 돈을 타러 오는 사람을 기다리겠소."

또다시 함성이 일었다.

위선적인 제도와 인간에 대한 풍자

디킨스의 소설은 역사학에 대한 공헌도가 높다. 작가가 살아온 당시 런던의 사회적 배경을 잘 묘사해 놓았기 때문이다. 디킨스는 현대 사회를 통제하는 수단으로 이용되는 기관과 제도들, 예컨대 학교, 감옥, 공장, 병원, 사무실, 법원, 경찰서 등을 묘사한 최초의 소설가로 불린다. 따라서 당시 런던과 같은 대도시를 연구하는 역사학자들은 디킨스의 작품을 통해 빅토리아 시대의 생활상과 사회 제도를 연구하곤 한다. 디킨스는 이러한 사회 제도 속에서 관료주의와 더불어 등장하는 새로운 유형의 압제자와 감시인들을 처음으로 묘사한다. 이들은 규정을 앞세워 대중들을 지배하고 감시한다. 〈올리버 트위스트〉에서도 그 모습들을 쉽게 확인할 수 있다. 팽이라는 판사의 경우를 예로 들어보자.

팽 씨는 깡마르고 등이 긴 데다가 목을 빳빳이 세운 중키의 남자로 머리카락이 그리 넉넉한 편은 아니었고, 그나마 남아 있는 머리카락이란 것도 머리통 뒤쪽과 옆에서 좀 자라고 있는 정도였다. 그의 얼굴은 엄하고 매우 상기되어 있었다. 그가 몸에 이로운 정도 이상으로 술을 마시는 버릇이 있지 않았다면, 그는 자기 얼굴을 상대로 명예훼손 소송을 했을 것이고 그런 경우 배상금을 톡톡히 챙겼을 것이다.

노신사는 정중하게 인사를 하고 판사의 책상으로 다가가 명함을 놓고 "그게 제 주소와 성명입니다"라고 했다. 그러고는 몇 걸음 뒤로 물러서서 공손한 신사답게 머리를 숙이고 질문을 받을 준비를 하고 있었다.

…

"당신 누구요?" 팽 씨가 말했다.

노신사는 다소 놀라서 자기 명함을 가리켰다.

"담당형사!" 팽 씨가 신문과 함께 명함을 툭 치며 말했다. "이 친군 누구야?"

"제 이름은," 노신사가 진짜 신사답게 말했다. "제 이름은 브라운로라 합니다. 삼가 요청하건대, 법의 보호를 받고 있는 선량한 시민을 부당하게 모욕하는 이 치안판사의 이름을 알고 싶군요." 브라운로는 이렇게 말하더니 자기 질문에 대답해 줄 사람을 찾는 듯 주위를 둘러보았다.

올리버 트위스트가 소매치기로 몰려 재판정에 섰을 때 브라운로와 치안판사 팽의 상견례 장면이다. 치안판사 팽은 정중하게 인사하는 노신사를 함부로 대한다. 그는 일신상의 일에 몰두해 정작 자기가 해야 할 판정의 책임을 다하지 않고 있다. 자기 얼굴을 상대로도 명예훼손 소송을 해서 배상금을 챙길 거라는 작가의 풍자가 재미있다. 이런 사람을 향해 선량한 시민을 위한 법의 보호를 기대하는 게 이미 무리일지도 모른다. 또한 항상 술에 취해 있다는 걸 보면 그가 정상적인 상태에서 판결을 내리는 경우가 매우 드물 것임을 짐작할 수 있다. 이처럼 그의 모습은 우리가 상식적으로 알고 있는 객관성과 공정성을 생명으로 하는 법집행자의 모습과는 거리가 멀다. 이런 판사의 모습은 당시 법적 체계와 사회 질서가 어떤 양상이었을지를 환유적으로 보여준다. 아니나 다를까 그곳에 갇혀 있는 죄수들의 면모를 살펴보면 우리의 예상이 빗나가지 않았음을 알 수 있다.

안에는 신발도 신지 않은 비참한 범죄자밖엔 없었는데, 그는 길거리에서 피리를 불다가 붙잡혔으므로, 사회에 대한 범죄사실이 명확히 증명되어 팽 씨에게 1개월 징역형을 선고받은 사람이었다. 팽 씨는 판결에 곁들여, 그가 그렇게 숨이 남아돌면 그것을 악기에 쓰

는 것보다는 바퀴(형무소 안에서 벌로 밟아 돌리는 바퀴) 돌리는 데
좀더 유익할 수 있을 거라는 적합하고도 흥미로운 언급을 했다.

   …

   이 사람은 예순다섯 된 부랑자로 이번엔 피리를 불지 않은 죄,
다시 말해서 밥벌이를 위해 아무 일도 안하고 길거리에서 구걸을 한
죄로 감옥살이를 해야 할 사람이었다. 그 옆방에는 허가 없이 양철
냄비를 행상한 죄로 똑같은 형무소에 가게 될 사람이 있었는데, 그
는 감히 세무서의 권위에 도전하며 밥벌이를 했던 것이다.

   여기 세 종류의 죄수가 소개되어 있다. 각각 피리를 분 죄,
피리를 불지 않은 죄, 허가 없이 양철냄비를 행상한 죄로 잡혀
와 있다. 작가는 피리를 불어도 잡히고 피리를 불지 않아도 잡
히는 이들을 통해 당시 사람들, 특히 하층 계급들이 처해 있는
상황을 상징적으로 보여주고 있다. 법이 서민들을 돌보기보다
는 오히려 그들의 삶을 옭죄는 수단으로 전락한 사회에서 그
어느 누구도 법의 처벌 범위를 벗어날 수 없다는 사실을 알
게 된다. 신발도 신지 않은 가난한 이가 피리를 분 행위는 곧
밥벌이를 위한 구걸 행위로 보인다. 그런데 이것을 사회에 대
한 범죄 사실로 단정 지을 근거가 어디에 있는가? 앞에서 언
급한 공리주의의 원칙이 여기에도 적용된다고 볼 수 있다. 공
리주의가 절대적 기준이 되는 사회에서라면 사회 전체의 행복
에 도움이 안 되는 행위는 악한 행위요, 범죄적 행위인 것이다.

그래서 치안판사는 이러한 행위를 너무도 쉽게 1개월 징역형에 해당하는 범법행위로 만들어버린다. 그리고 관에서 사용한다며 피리를 압수해 간다. 반면, 피리를 불지 않은 부랑자는 아무 일도 안한 죄로 감옥살이를 해야 한다. 피리를 분 사람은 관에서 가져갈 피리라도 갖고 있지만 부랑자는 관에도 사회에도 아무런 도움이 안 되는 존재다. 이처럼 밥벌이를 위해 피리를 불든 안 불든 하층민들은 누구나 범죄자로 몰리는 시대다. 그리고 그 기준은 법과 제도, 그리고 그것을 집행하는 관료집단의 자의적 판단, 아니 공리주의적 판단에 의한다. 허가 없이 양철냄비를 행상한 죄수가 그것을 분명히 보여준다. 오늘날로 치면 불법노점상을 한 죄에 해당하는 그는 세무서의 수입에 지장을 초래한 죄로 잡혀온 셈이다. 한마디로 당시 사회는 경제적 수단과 자본이 없는 하층민들은 밥벌이를 위해 무엇을 하든 정상적인 삶을 영위하기가 몹시 힘든 시대였음을 알 수 있다.

　사회적 약자들이 삶을 살아나가도록 법과 제도가 뒷받침되지 못하고 오히려 그들을 범죄자 취급하는 사회, 그리고 이러한 불의한 법을 아무런 거리낌 없이 자행하며 시민들 위에 군림하는 팽과 같은 관료집단의 모습은 정도의 차이가 있을 뿐 오늘날 우리에게도 그리 낯선 풍경만은 아니다. 물론 지방자치 선거가 시행된 후, 관료들의 자세는 많이 개선되었지만 교육 현장이나 법조계 현장에선 여전히 권위적이고 위압적인 분위기가 남아 있는 게 우리의 현실이다.

〈올리버 트위스트〉에서 이러한 관료집단의 가장 전형적인 인물로서 코믹하게 그려지는 인물이 있다면 구빈원의 범블을 꼽지 않을 수 없을 듯하다.

인생에서 어떤 종류의 승진은, 그것으로 얻는 실질적인 보상들과는 별개로, 거기에 따르는 겉옷과 조끼에서 특유의 가치와 위엄을 얻는 경우들이 있다. 육군 원수에게는 정복이, 주교에게는 비단 앞치마가, 법률고문에게는 비단 가운이, 말단 교구관에게는 삼각모자가 있다. 주교에게서 비단 앞치마를, 말단 교구관에게서 삼각모자와 금빛 레이스를 벗겨버린다면 그들이 무엇이 되겠는가? 인간, 그저 인간일 뿐. 그들을 승진시켜서 더 높은 자리에 앉혀보라. 검은 비단 앞치마와 삼각모자를 벗겨놓으면 그들은 이전의 위엄을 상실하고 대중들에 대한 영향력도 다소 깎일 것이니. 때로는 위엄, 그리고 거룩함조차도 사람들이 상상하는 것 이상으로 겉옷과 조끼의 문제가 된다.

지방 구빈원의 일개 하급 관리에서 구빈원장으로 승진한 범블의 모습을 풍자적으로 그리고 있다. 올리버가 처음 구빈원에 들어올 때부터 그를 가장 혹독하게 대한 범블의 모습은 사실 고아나 부랑아 등 약자에 대한 허세에 불과한 것이다. 그는 약자에게 철저히 강했고, 강자에 철저히 약한 전형적인 위선자의 모습 그대로다. 이제 구빈원장으로 승진했지만, 인품

이나 명예와는 거리가 먼 그를 지탱해 주는 건 단지 겉으로 치
장해 놓은 겉옷과 조끼 같은 장식품일 뿐이다. 이처럼 종종 의
복은 그 사람의 실질적인 품격과는 별개로 한 사람을 새롭게
규정짓는 역할을 한다. 그러나 한 사람의 권위나 위엄이 단순
히 의복과 같은 겉옷의 차원에 머무른다면 그 권위란 것은 오
래지 않아 반감되어 사람들의 인정을 받지 못하게 될 것이다.
작가는 이러한 왜곡된 권위의 허구성을 철저하게 고발하고 있
는 것이다. 그리고 이는 그 사람을 가장 가까이에서 지켜보고
있는 이들에 의해 적나라하게 드러나곤 한다.

"내 눈이 나를 속이는 건가!" 범블 씨가 거짓으로 흥분한 체하
며 소리쳤다. "아니면 이게 꼬마 올리버인가? 아, 올-리-버, 너 때문
에 얼마나 속을 태운지 넌 모를 거야…"

"입 닥쳐, 이 멍청아." 범블 부인이 중얼거렸다.

"그게 인지상정, 인지상정 아니오, 부인?" 구빈원장이 항의했다.

"내가… 교구 직원으로 그를 키워낸 바로 이 사람이… 매우 상
냥한 신사숙녀분들과 함께 여기 자리하고 있는 저애를 보고 어찌 그
런 느낌을 안 가질 수 있소! 난 언제나 저 아이가 마치 내… 내… 내
할아버지인 것처럼 사랑했소." 범블 씨가 적절한 비유를 찾느라 더
듬거리며 말했다.

올리버를 둘러싼 사태의 진실이 밝혀지는 과정에서 범블

은 또 다시 예의 위선적인 태도를 보이고 있다. 마치 자신이 올리버를 끔찍이도 아껴왔다는 듯. 그러나 이를 한마디로 무시해 버리는 이가 있으니 바로 그의 아내다. 구빈원장이란 권위가 단번에 날아가버리는 순간이다. 올리버를 포함해 모든 구빈원 아이들의 공포의 대상이었던 범블이 이제 아내 앞에서는 꼼짝을 못하고 있다. 변명을 하려고 들지만 말이 참으로 우습게 흘러나오고 만다. 가장 가까운 아내에게도 인정받지 못한 채로 구빈원장이란 위세를 가까스로 유지하려는 모습은 애처롭기까지 하다. 그리고 이제 범죄에 가담한 이 부부의 미래는 절망적이다.

"아무것도 없소." 브라운로 씨가 대답했다. "다만 당신들 둘 다 책임 있는 자리에서 일하지 않도록 배려해 주는 것 말고는."

"바라건대," 그림위그 씨가 두 노파와 함께 사라지자 범블 씨가 매우 구슬픈 표정으로 주위를 둘러보며 말했다. "바라건대, 이런 사소한 불상사 때문에 제가 교구직에서 쫓겨나진 않겠지요?"

"아니, 그렇게 될 거요." 브라운로가 대답했다. "거기에 대해선 마음을 단단히 먹으시오. 그나마 그 정도인 것을 다행이라고 생각하고."

"그건 다 제 마누라의 짓이었어요. 그 여자가 자꾸 하자고 그랬어요." 범블 씨는 먼저 자기 아내가 방에서 나간 것을 확인하느라 주위를 둘러본 다음에 애절하게 말했다.

"그것은 핑계가 되지 않소." 브라운로 씨가 대답했다. "당신은 그 장신구들을 없애버릴 때 거기에 있었소. 그리고 법의 눈으로 보면 둘 중에 더 죄가 많은 사람은 당신이오. 법은 당신 부인이 당신 지시에 따라 행동한다고 추정할 테니."

"만약에 그렇다면," 범블 씨가 두 손으로 모자를 힘주어 움켜쥐면서 말했다. "법은 멍청이에 천치요. 그것이 법의 눈이라면 법은 홀아비일 거요. 내가 법에 내릴 수 있는 가장 심한 저주는 법이 체험에 의해서 진상을 깨닫게 되라는 것이오. 체험에 의해서."

법의 울타리 속에서 기득권을 누리던 사람이 이제 법의 부당함을 호소하고 있다. 상황이 역전된 것. 한 아이의 일생을 망치려는 범죄를 사소한 불상사쯤으로 여기는 정도의 도덕성을 소유한 그에게 이제 교구직이란 직위는 어울리지 않는다. 브라운로의 판단대로 그들 부부에 대한 가장 적절한 조치는 책임 있는 자리에서 물러나게 하는 일뿐이다. 이제 궁지에 몰린 범블은 그 모든 책임을 아내에게 돌린다. 그것도 비굴하게 아내가 옆에 없는 것을 확인하고서다. 여전히 아내가 무섭긴 무서운가 보다. 그러나 당시 법적 관점에서 볼 때 아내의 범법 행위에 대한 책임은 남편에게 더 많은 게 엄연한 현실.

극단으로 몰린 그에게 이제 사태의 진상이 명확히 보이는가 보다. 얼마간 진정성이 묻어나는 얘기를 하고 있는 걸 보면 말이다. '법이 체험에 의해서 진상을 깨달아야 한다'는 걸 범블은 이전엔 왜 몰랐을까? 그랬다면 이전 올리버와 같은 불쌍한 아이들에게 그렇게까지 심하게 대하진 못했을 텐데. 사실 범블의 마지막 외침은 기득권자, 사회적 강자에게 유리한 법적 규정을 앞세워 약자 위에 군림하는 모든 지배층과 관료집단들이 새겨들어야 할 말이 아닐까? 스스로의 체험이 빠진 법적 현실은 많은 이들을 무기력하게 한다. 그러나 범블 같은 경우는 현실을 너무 늦게 깨달았고, 진실을 자신의 그릇된 행위에 잘못 적용시켰다. 장신구를 숨긴 것은 아내일지 모르지만, 이후 스스로 범법 행위에 적극 참여하고 이를 통해 부당한 이익을 노린 것은 엄연한 사실이기 때문이다.

낮은 곳에서 움트는 희망의 그림자, 낸시

이 소설에서 우리는 올리버 트위스트를 둘러싸고 벌어지는 사회적 부조리의 문제를 보며 대체로 명확한 선악의 구도를 발견한다. 범블이나 팽으로 대변되는 관료집단과 유태인 패긴을 둘러싼 범죄집단을 악의 축에 배치한다면, 브라운로와 로즈 메일리를 둘러싼 일단의 선량한 사람들을 선의 축에 배치할 수 있을 것이다. 소설은 이처럼 사회적 약자에 대한 불의한 사회 제도, 비인간적인 관료집단, 어린이에 대한 잔인한 취급 등의 여러 사회악들을 이처럼 단순한 선악의 구도 속에서 해소하고 있다. 다분히 개인의 인성과 우연한 계기들을 동반한 채 말이다. 이러한 식의 해결 방식은 구조적 문제를 바라보는 작가의 명확한 인식의 결여와도 무관하지 않을 것이다. 따라서 작가는 다음과 같이 다분히 감상적이고 복음주의적인 결론을 내리며 소설을 끝맺고 있다.

강한 애정과 가슴에서 우러나오는 인정, 그리고 자비를 율법으로 삼고 모든 숨쉬는 것들에 대한 박애를 가장 큰 속성으로 하는 하나님에 대한 감사 없이 행복은 절대 얻을 수 없는 것이다.

그런데, 이러한 하나님의 품에 안겨 사회의 죄악을 해결해 줄 수 있는 부류가 이 소설 속에선 대개 부유하고 안락한 삶을 누리는 상류층으로 설정되어 있다. 인자하고 지적인 브라운로와 다정다감하고 사려 깊은 로즈 메일리의 경우가 그러하다. 이들에 의한 올리버 트위스트의 구원은 사회적 약자에 대한 구원의 열쇠가 상류층의 부유한 이들에게 기대할 수밖에 없음을 말하는 듯해 다소 씁쓸하다. 더구나 산업화 초기의 시대적 문제를 부각시키기에 올리버 트위스트라는 극히 특수한 개인의 인생사는 그 전형성과 대표성을 획득하기가 쉽지 않다. 또한 소설적 재미를 고려한 장치겠지만, 우연적 사건을 너무 자주 남발하면서 사건을 해결해 나가는 방식 역시 다소 부자연스럽긴 마찬가지다.

비록, 소설 속에서 구빈법 제도나 판사의 불합리함을 풍자하며 사회 제도와 법의 부조리를 드러내긴 하지만 이러한 문제를 해결하는 방식에서 기본적으로 작가는 일정한 한계를 노출한다. 즉 가난은 개인의 책임이라는 것, 가난한 자와 사회적 약자 등을 악한 존재로, 그 반대의 경우를 선한 존재로 바라보는 것이다. 그리고 악한 사람은 결국 처벌을 받되, 선한 사람의 도움을 받아야 된다는 식의 시각을 갖고 있다. 이처럼 선악구도가 분명한 인물설정의 밋밋함이나 권선징악식의 소설 구조의 단조로움, 그리고 사회적 부조리를 개인의 본래적 인성의 차원으로 환원하는 감상주의 등 작품의 평면성에서 하나의 예외적인 인물이 있다면 그건 낸시일 것이다.

낸시의 인생은 길거리에서, 런던에서 가장 소란한 매춘굴과 범죄소굴에서 허비되었으나 여전히 그녀에게는 여성의 원래 속성이 어디엔가 남아 있었다. 그녀는 자기가 들어온 문의 반대편 문으로 다가오는 가벼운 발걸음 소리를 듣고, 조금 후에 그 작은 방에서 펼쳐질 엄청난 대조의 광경을 생각했다. 그녀는 자신에 대한 깊은 수치심으로 부담을 느끼면서, 면담하고자 했던 상대와 대면하는 것을 거의 감당할 수 없을 정도로 움츠러들었다.

그러나 이런 바람직한 감정들과 씨름하는 것은 자존심이었는데, 그것은 가장 고매하고 자신에 찬 인간들뿐 아니라 가장 저급하고 타락한 인간들도 가지고 있는 결점인 것이다. 도둑과 깡패들의 미천한 동료이며 저급한 소굴에 버려진 부랑자, 교수대의 그늘에서 사는 감방과 감옥선(유배형을 받고 떠나는 죄수들을 태우는 배)의 인간찌꺼기들과 한패거리! 이러한 타락한 존재조차도 자존심을 느끼고는, 여성적 감성의 미미한 빛줄기를 드러내 보이는 것은 스스로 나약한 짓이라 여겼다. 그러나 사실은 그 여성적 감성이야말로 그녀를 인간성에 연결해 주던 유일한 것이었으나, 그것은 그녀의 소모적인 삶이 아주 어린 나이에는 그렇게도 많았던 인간성의 흔적을 말소해 버렸기 때문이다.

낸시는 이 소설에서 유일하게 선악의 구도를 깨뜨리는 인물이다. 지난 삶으로만 보자면 사회의 최하층에서 매춘부로서 온갖 범죄를 접하며 살아온 여성이지만, 그녀가 올리버를 대하는 태도를 통해 우리는 그녀가 얼마나 진실하고 양심적인지 알게 된다. 작가는 인간을 구원할 인간성이 낸시 같은 타락한 인간들 속에서도 발견되어짐을 역설한다. 특히 그녀가 지닌 여성적 감성이 인간성의 주요한 요소다. 사이크스 같은 악한이 있는 데 반해 낸시 같은 사회적 규정 속에서도 자신의 내면의 양심을 간직한 인물이 있음을 우리는 알게 된다. 그리고 인간의 가치가 제도에 의해 일방적으로 규정되지 않고 그가 갖고 있는 도덕성과 실천적 행위를 통해 드러날 수 있음을 우리는 낸시에게서 알게 된다. 이러한 도덕성과 양심과의 씨름은 모든 인간에게서 예외 없이 발견될 수 있다는 점에서 이는 보편성을 띤 문제이기도 하다. 그것은 심지어 낸시를 죽이고 도주한 사이크스에게도 끔찍한 모습으로 찾아온다.

태양이, 단지 빛뿐만 아니라 새로운 생명과 희망과 신선함을 인간에게 다시 가져다주는 그 밝은 태양이 그 복잡한 도시에 맑고 찬란하게 불쑥 솟아올랐다. 호화롭게 칠한 유리창이나 종이를 댄 창문에도, 대성당의 둥근 천장이나 썩은 벽 틈에도 태양은 똑같은 빛을 비추었다. 태양은 살해당한 여인이 누워 있는 방도 밝게 비추었다. 과연 그랬던 것이다. 그는 햇빛을 막아보려고 했지만 빛이 흘러들어왔다. 그 광경은 이른 새벽에도 소름끼치는 것이었는데, 이제 눈부시게 빛나는 햇빛 속에서는 어떠했겠는가!

…

사람들은 살인자들이 심판을 모면한다고 하면서 신의 섭리가 잠들어 있는 것이 분명하다고 함부로 말할 일이 아니다. 고통스러운 공포로 가득 찬 그의 기나긴 1분 속에는 수백 번의 격렬한 죽음이 들어 있는 것이다.

태양이 장소를 가리지 않고 사람을 가리지 않고 모든 만물을 비추듯, 우리 인간의 본성과 양심 역시 보편성을 띤다. 방으로 흘러드는 햇빛을 막으려야 막을 수 없듯이 인간 내면으로 흘러드는 양심의 목소리 역시 막을 수 없다. 양심과 도덕의 문제와는 담을 쌓고 살아온 살인자 사이크스에게도 예외가 아니다. 이처럼 사회 부조리가 만연한 시대에서 문제의 해결을 기대할 수 있는 가능성이 따로 정해져 있는 게 아니다. 태양이 대성당의 둥근 천장이나 썩은 벽 틈에도 똑같이 비추듯 사회의 죄악상을 개선할 수 있는 힘은 브라운로나 로즈 메일리 같은 상류층에게서도, 낸시나 사이크스 같은 하류 인물들에게서도 동시에 발견될 수 있다.

그 중에서도 특히 우리는 낸시 같은 인물에게서 사회 문제의 대안을 발견하고 싶다. 브라운로 같은 상류층과 사이크스 같은 하류층이 자신의 환경과 계층에 갇혀 있다는 점과는 달리 낸시는 환경의 굴레를 벗어나 내적 의지를 발휘해 새로운 삶을 선택한 인물이라는 점에서 의미 있는 존재다. 사회적 약자에게 불리하게 작용하는 시대에 그 문제를 근원적으로 끌어안아 이를 새로운 방향으로 되돌릴 수 있는 힘은 아무래도 그 약자의 고통과 불행을 누구보다도 잘 아는 이들로부터 출발해야 한다. 강자의 약자에 대한 단순한 시혜가 아닌 사회의 모든 구성원이 자기 삶의 주인으로 살아나갈 수 있는 사회, 그리고 이들 건강한 삶의 주체들이 만들어나갈 제도가 진정 건강한 사회를 이루어나갈 것이라는 믿음을 모든 이들이 공유해야 한다.

〔06대입〕 서울대 논술고사

《문제》 아래에 제시된 연령별 인구 및 이혼율의 추이에 반영된 사회 변화를 고려해 볼 때, 이 사회에 살고 있는 사람들이 행복해졌다고 할 수 있는가? 제시문들을 비판적으로 참고하여 논술하시오.

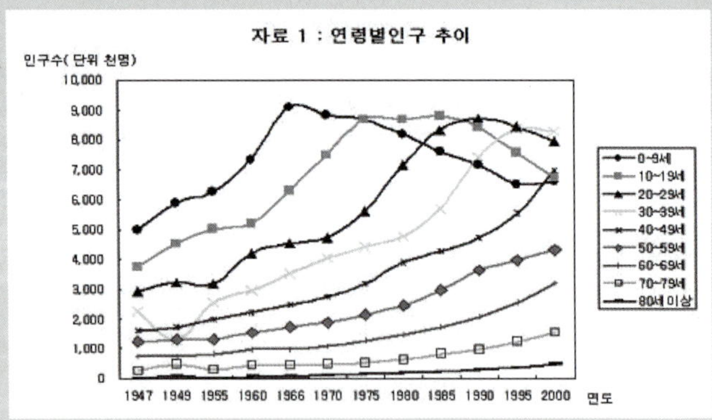

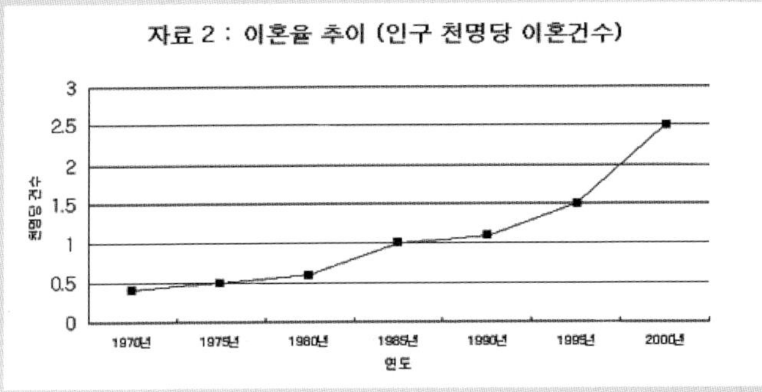

〈제시문 A〉

인류는 苦痛과 快樂이라는 자연의 두 主權者에게 지배당해 왔다. 지금 무엇을 하지 않으면 안 되는지 지시하고, 또 앞으로 무엇을 해야 할 것인지 결정하는 것은 바로 그 고통과 쾌락인 것이다. 한편으로는 善惡의 기준이, 다른 한편으로는 원인과 결과의 고리가 이 지배자의 玉座에 연결되어 있다. 고통과 쾌락이란 우리가 하는 모든 일, 말하는 모든 것, 생각하는 모든 문제에 개입하여 우리를 지배한다. 이와 같은 종속에서 벗어나려 아무리 노력해도 소용없다. 벗어나려 노력하면 할수록 종속이란 족쇄는 점점 더 우리를 강력하게 죄어올 것이다.

어떤 사람은 이러한 고통과 쾌락이란 帝國을 말로는 버렸다고 할 수 있을지 모르지만, 그가 실제로 그 제국의 영역을 빠져나왔다고 할 수는 없다. 效用性의 원리는 마치 인간조건과도 같이 달라붙어 있는 그러한 종속을 인정하고, 그러한 종속의 기초 위에 思想體系를 구축한다.

〈제시문 B〉

　　행복이 最高善이라 함은 누구나 다 아는 이야기가 아닐까. 그러나 그것이 무엇인지에 대해서는 좀더 명료한 설명이 필요할 것 같다. 먼저 人間의 機能을 밝힘으로써 그러한 해명이 시작될 수 있다. 예를 들자면 피리를 부는 기능, 조각하는 기능, 기타 여러 가지 기능들에 善은 깃들어 있는 것이다. 피리 부는 사람의 善은 피리를 잘 부는 것이듯, 인간 자체에도 만일 고유한 기능이 있다면 바로 그 기능을 잘 발휘하는 것이 인간의 선일 것이다. 그런데 인간의 고유한 기능은 이성적 활동에 있는 만큼 훌륭한 인간, 즉 행복한 인간이란 이성을 잘 활용하여 바람직한 삶을 영위하는 사람이다.

〈제시문 C〉

　　그대는 정말 소피가 자네의 富裕한 처지를 싫어한다고 생각하는가? 그대는 정말로 그녀가 자네의 청혼을 거절하는 이유가 富 그 자체에 있다고 생각하는가? 아닐세, 에밀, 그녀의 생각 밑바닥에는 그보다 훨씬 중대하고 본질적인 어떤 것이 있네. 그것은 바로 부를 所有한 사람에게 일어날지도 모르는 마음의 상태, 즉 부 때문에 발생할지도 모르는 집착하는 마음에 대해 걱정하는 것이네. 그녀는 행운의 선물인 부를 소유한 사람은 그것을 가장 소중하게 여긴다고 생각하고 있네. 부자들은 항상 인간적 價値보다도 부를 중요시하지. 헌신적인 봉사와 그 代價인 돈을 비교해 보면 언제나 돈이 봉사를 능가하지. 따라서 주인을 위해 봉사하면서 일생을 보내는 사람들은 그들이 얻는 빵에 대한 債務者로 간주된다네. 에밀, 그대가 그녀의 걱정을 없애주려면 어떻게 해야 할까? 무엇보다도 그대 자신에 대해 그녀가 잘 알 수 있도록 배려해야 할 것이라고 생각하네. 그러한 일은 하루 만에 이루지지는 않지. 그대 가슴속에 간직한 보물들을 그녀에게 보여주도록 하게나. 그렇게 하여 그녀와 그대를 不幸하게 한 그 부의 문제를 풀어가 보도록 하세. 그렇게 노력하면서 시간이 지나가고 그대의 변함없는 정성이 계속된다면 그녀의 순수한 저항은 눈 녹듯이 녹을지도 모르네. 쏟아지는 그대의 고귀한 감정 속에서 그녀가 그대의 부를 잊을 수 있도록 하게. 그녀를 마음으로부터 사랑하고 그녀에게 정성을 다하게. 그리고 그녀의 훌륭하신 兩親께도 정성을 바치게. 그대의 그 친절함이 단지 일시적인 열정의 결과가 아니고 그대 마음에 새겨진 확고한 원칙의 샘에서 솟구치는 것임을 그녀에게 확신시켜주도록 하게. 운명의 학대 속에서 불행을 견뎌내는 그 훌륭한 사람들에게 그에 상당하는 존경을 바치게. 그것만이 그 불행하지만 훌륭한 사람들과 운명의 총애를 받는 행복한 사람을 조화시킬 수 있지 않겠나.

〈제시문 D〉

　"삶의 의미와 더 차원 높은 목적을 추구하고 따르는 자보다 더 책임 있는 갈매기가 대체 누구란 말입니까? 우리는 수천 년 동안 물고기 대가리나 찾아다녔습니다. 그러나 이제 우리는 삶의 이유를 갖게 되었습니다. 배우고, 발견하고, 자유로워지는 것! 저에게 한 번 기회를 주십시오. 제가 발견한 것을 여러분에게 보여줄 수 있게 해주십시오."

〈제시문 E〉

　내가 이렇게 외면하고

　내가 이렇게 외면하고 거리를 걸어가는 것은 잠풍 날씨[*]가 너무나 좋은 탓이고

　가난한 동무가 새 구두를 신고 지나간 탓이고 언제나 꼭 같은 넥타이를 매고 고은 사람을 사랑하는 탓이다

　내가 이렇게 외면하고 거리를 걸어가는 것은 또 내 많지 못한 월급이 얼마나 고마운 탓이고

　이렇게 젊은 나이로 코밑수염도 길러보는 탓이고 그리고 어늬 가난한 집 부엌으로 달재^{**} 생선을 진장^{***}에 꼿꼿이 지진 것은 맛도 있다는 말이 자꾸 들려오는 탓이다

---

* **잠풍 날씨**: 바람이 잔잔하게 부는 날씨.

** **달재**: 달째. 달강어. 쑥지과에 속하는 바닷물고기. 몸길이 30cm 가량으로 가늘고 길며, 머리가 모나고 가시가 많음.

*****진장:** 진간장. 오래 묵어서 진하게 된 간장.

다락원 명작노트 044

올리버 트위스트

펴낸이 정효섭
펴낸곳 (주)다락원

초판 1쇄 인쇄 2007년 6월 5일
초판 1쇄 발행 2007년 6월 12일

책임편집 안창열, 김시영
디자인 손혜정, 박은진
번역 장계성
삽화 손창복

다락원 경기도 파주시 교하읍 문발리 509-1
Tel:(02)736-2031 Fax:(02)732-2037
(내용문의: 내선 410/구입문의: 내선 113~114)
출판등록 1977년 9월 16일 제300-1977-23호

Copyright ⓒ 2007, 다락원

출판사의 허락 없이 이 책의 일부 또는 전부를
무단 복제·전재·발췌할 수 없습니다.
잘못된 책은 바꿔 드립니다.

값 8,500원

ISBN 978-89-5995-159-8 43740

행복한 명작 읽기

영어 독해력 증강 프로그램

〈행복한 명작 읽기〉는 기초가 약한 영어 초급자나 초, 중, 고 학생들이 보다 즐겁고 효과적으로 명작들을 읽으며 독해력을 키울 수 있도록 개발된 독해력 증강 프로그램입니다.

책의 특징

1 골라 읽는 재미가 있다. 초보자를 위한 350단어 수준에서 중고급자를 위한 1,000단어 수준까지 5단계 구성.

2 단계별로 효과적인 영어 읽기 요령과 영문 고유의 참맛을 느낄 수 있는 장치가 곳곳에.

3 읽기만 해도 영어의 키가 쑥쑥 – 해석을 돕는 돼지꼬리(◠), 영어표현 및 문법 설명, 퀴즈가 왕창.

4 체계적인 듣기 학습까지. 전문 미국 성우들의 생동감 넘치는 원음을 담은 오디오 CD 제공.

✖ 왕초보 기초다지기 ✖

쉬운 영문을 통해 영어 독해에 대한 막연한 두려움을 없앤다.

Grade 1　Beginner　350 words

1 미녀와 야수
2 인어공주
3 크리스마스 이야기
4 성냥팔이 소녀 외
5 성경 이야기 1
6 신데렐라
7 정글북
8 하이디
9 아라비안 나이트
10 톰 아저씨의 오두막

Grade 2　Elementary　450 words

11 이솝 이야기
12 큰 바위 얼굴
13 빨간머리 앤
14 플랜더스의 개
15 키다리 아저씨
16 성경 이야기 2
17 피터팬
18 행복한 왕자 외
18 몽테크리스토 백작
20 별 | 마지막 수업

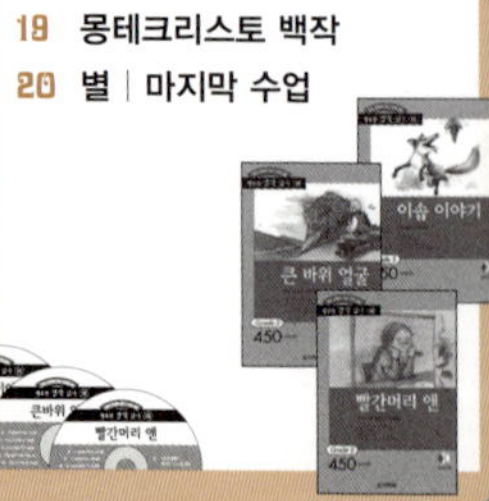

국판 | **Grade 1, 2, 3** 각권 6,000원
(오디오 CD 1개 포함)

Grade 4, 5 각권 7,000원
(오디오 CD 1개포함)

*어린왕자 8,000원
(오디오 CD 2개 포함)

**고도를 기다리며 9,000원
(오디오 CD 2개 포함)

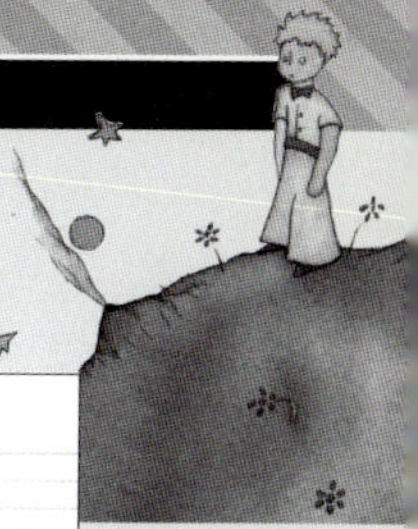

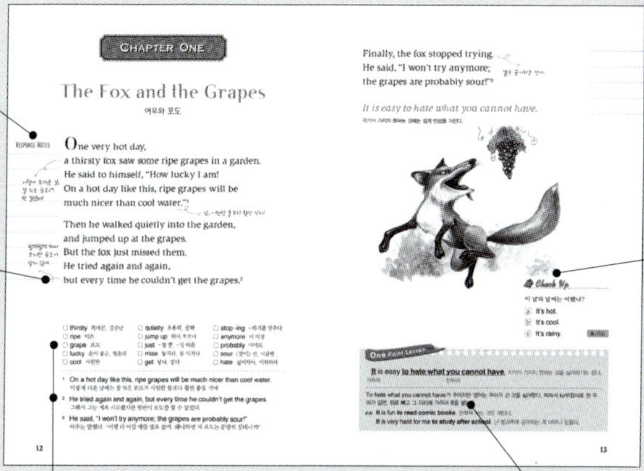

Response Notes
(독자의 공간)
영문을 읽어나가다
궁금한 점, 기억해 두어야
할 점을 메모한다.

해석 도우미
(일명 '돼지꼬리')
꼬리 끝에 해석을 돕는
힌트가 꽂혀 있다.

Check-Up
내용 파악이
잘 되었는지 확인.

One-Point Lesson
주요 문법사항이나 표현에
대한 심층 분석 코너.

주요 어휘 및 문장 해석

✛ 실력 굳히기 ✛

실력에 맞게 효과적으로 끊어 읽으며 직독직해 훈련을 한다.

★ 영어의 맛 제대로 느끼기 ★

영문판 원서 도전을 위한
전 단계의 준비과정이다.

Grade 3 — Pre-intermediate — 600 words

21 톨스토이 단편선
22 크리스마스 캐럴
23 비밀의 화원
24 헬렌 켈러, 나의 이야기
25 베니스의 상인
26 오즈의 마법사
27 이상한 나라의 앨리스
28 로빈 후드
29 80일 간의 세계 일주
30 작은 아씨들

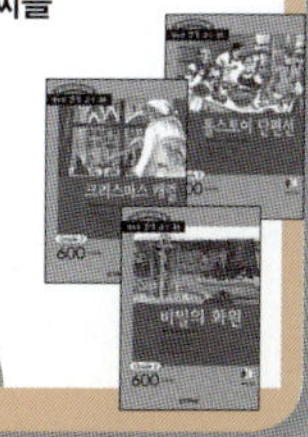

Grade 4 — intermediate — 800 words

31 오페라 이야기
32 오페라의 유령
33 어린 왕자*
34 돈키호테
35 안네의 일기
36 고도를 기다리며**
37 투명인간
38 오 헨리 단편선
39 레 미제라블
40 그리스 로마 신화

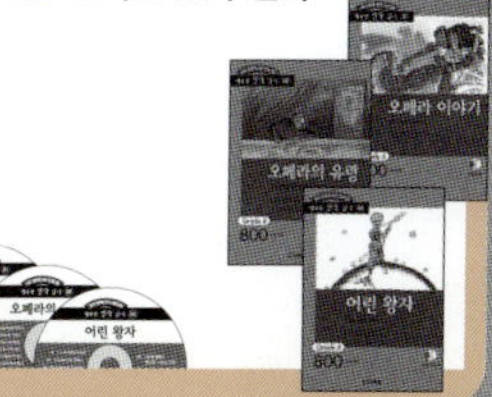

Grade 5 — Upper-intermediate — 1000 words

41 센스 앤 센서빌리티
42 노인과 바다
43 위대한 유산
44 셜록 홈즈 베스트
45 포 단편선
46 드라큘라
47 로미오와 줄리엣
48 주홍글씨
49 안나 카레니나
50 나에겐 꿈이 있습니다
　 –명연설문 모음

콕콕 찍어 들려주는 명작 리스닝 시리즈 [전20권]

세계 명작소설을 쉽게 고쳐 쓴 중·고생용 학습 교재. 독해와 함께 청취력 향상을 위해 전 내용을 녹음하고, 매 페이지에 리스닝 포인트를 두어 한국인이 듣기 어려운 부분은 또박또박한 발음으로 반복해 들려준다. 권말에는 영어듣기 테스트를 수록해, 입시에서 점점 비중이 높아지는 듣기시험에 대비하도록 했다.

- 각 권 4·6판/140면 내외
- 정가: 각 권 5,800원 (테이프 2개 포함)

① 이상한 나라의 앨리스 / 백설공주와 일곱 난쟁이
Alice's Adventures in Wonderland / Snow White and the Seven Dwarfs

② 이솝 우화
Aesop Fables

③ 그림 동화집 / 잭과 콩나무
Grimms Fairy Tales / Jack and the Beanstalk

④ 재미있는 이야기 / 미녀와 야수
Famous Stories / Beauty and the Beast

⑤ 알라딘과 요술램프 / 이른 아침의 살인
Aladdin and the Magic Lamp / Dead in the Morning

⑥ 오즈의 마법사 / 흑마 이야기
The Wonderful Wizard of Oz / Black Beauty

⑦ 걸리버 여행기 / 쉽게 번 돈
Gulliver's Travels / Fast Money

⑧ 거울 속의 앨리스 / 정원
Through the Looking Glass / The Garden

⑨ 피터 팬
Peter Pan

⑩ 큰 바위 얼굴 / 크리스마스 선물 / 알리바바와 40인의 도적들
The Great Stone Face / The Christmas Present / Ali Baba and the Forty Thieves

⑪ 돈키호테 / 헨리 포드 이야기
Don Quixote / Tin Lizzie

⑫ 로빈 후드 / 어느 병사의 죽음
Robin Hood / Death of a Soldier

⑬ 신문 배달 소년 / 긴 터널 / 몰리의 순례자
Newspaper Boy / The Long Tunnel / Molly Pilgrim

⑭ 언덕 위의 집 / 헤라클레스
The House on the Hill / Hercules

⑮ 우주 도시로의 여행 / 요술 정원
Journey to Universe City / The Magic Garden

⑯ 마르코 폴로 / 크리스토퍼 콜럼버스 / 올리버 트위스트
Marco Polo / Christopher Columbus / Oliver Twist

⑰ 삼총사 / 레슬러
The Three Musketeers / The Wrestler

⑱ 불의 전차
Chariots of Fire

⑲ 런던 경시청 이야기 / 아서 왕
The Story of Scotland Yard / King Arthur

⑳ 도난당한 편지 / 붉은 머리 사교회 / 트래버스 씨의 첫사냥
The Stolen Letter / The Society of Red-Headed Men / Mr. Travers First hunt